Eine deutsche Mission in Südafrika

Von Hermannsburg nach Morgensonne

Eine französische Übersetzung der für die Missionsgeschichte interessanten Teile wurde veröffentlicht:

Waltraud Verlaguet, « Entre Mahanaïm et Morgensonne. Femme de missionnaire au Transvaal (1880 – 1908) », in: *Missionnaires et Eglises en Afrique et à Madagascar (XIXe siècle)*, Anthologie de textes missionnaires publiée sous la direction d'Annie Lenoble-Bart, Turnhout : Brepols 2015. ISBN 978-2-503-52648-5

Elisabeth Wickert

Eine deutsche Mission in Südafrika

Von Hermannsburg nach Morgensonne

Herausgegeben von

Sabine Dänner und Waltraud Verlaguet

Bibliografische Information der Deutschen Nationalbibliothek: Die Deutsche Nationalbibliothek verzeichnet diese Publikation in der Deutschen Nationalbibliografie; detaillierte bibliografische Daten sind im Internet über dnb.dnb.de abrufbar.

Herstellung und Verlag: BoD – Books on Demand, Norderstedt

ISBN: 9783759714282

Inhalt

EINLEITUNG 7
DIE FAMILIE 11
VERGANGENHEIT 15
Die ersten Jahre 15
1866 19
1870 26
1873 26
1877 28
1880 30
1881 43
1885 51
1887 56
1891-1893 60
1895 63
1896 63
1897 65
    September 1939 66
    Oktober 1939 67
1898 70
1899 74
1900 79
    13. November 1939 83
    14. November 1939 84
1901 89
1902 96
1908 105

9. Mai 1940	108
1909	115
1910	117
1913	123
1914	124
9. Juli 1940	125
8. Oktober 1940	126
27. März 1941	127
1914-1915	128
1918	132
22. April 1941	135
8. Mai 1941	136
10. August 1941	137
11. Februar 1942	138
15. Februar 1942	140
9. Juli 1943	141
18. Juli 1943	142
30. Juli 1943	143
30. August 1943	144
3. Januar 1944	145
27. Januar 1944	146
29. Mai 1944	147
19. Juni 1944	148
17. September 1944	149
3. Oktober 1944	150
15. Januar 1945	152
26. Februar 1945	153

Einleitung

1880 wanderte Elisabeth Wittrock nach Transvaal aus, um Adam Wickert zu ehelichen und dort eine Missionsstation der Hermannsburger Mission zu errichten. Nach dem Burenkrieg und acht überlebenden Kindern kehrte sie nach Adams Tod nach Deutschland zurück. Ihr Wunsch, mit Sohn Winfried nach Afrika zurückzugehen, zerschlug sich, da er nach Indien gesandt wurde. In Deutschland verblieben, durchlebte sie zwei Weltkriege und verstarb 1947 in Hermannsburg.

Dem Wunsch ihrer Kinder folgend, begann Elisabeth vor dem Zweiten Weltkrieg ihre Lebenserinnerungen niederzuschreiben, zunächst nur für die Familie gedacht. Nach Gesprächen mit den Nachkommen entschlossen wir uns, ihr Erbe zu teilen, denn ihre Aufzeichnungen sind nicht nur für die Missionsgeschichte Südafrikas, sondern auch für das Verständnis des Alltags einer einfachen Frau während des 2. Weltkriegs bedeutend.

Elisabeth schreibt klar und ungeschmückt, chronologisch von ihrer Kindheit bis nach Afrika und zurück nach Deutschland. Im Krieg notiert sie Daten und mischt aktuelles Zeitgeschehen in ihre Erinnerungen, bis Gegenwart und Geschichte eins werden.[1]

---

[1] Die von Elisabeth angegebenen Daten besagen, wann sie schreibt; sie sind rechtsbündig angegeben. Linksbündige Überschriften sind zu einer besseren Orientierung von uns aus dem Text erschlossen und geben das Jahr an, von dem sie erzählt.

Es ist verstörend zu sehen, wie Elisabeths fester Glaube mit ihrer politischen Blindheit verschmilzt. Der Burenkrieg schürte ihren Hass auf die Engländer und ließ sie im Führer ein göttliches Strafwerkzeug erkennen.

Während des Krieges verfällt Elisabeth den Propagandaklischees, von einer paranoischen Vision, in der Deutschland das Opfer aller bösen Kräfte der Welt ist, bis hin zu einem stereotypen Antisemitismus, der wie aufgestülpt wirkt: sie spricht immer vom "Juden" im Allgemeinen, als Urheber einer Verschwörung, um die Weltherrschaft zu erlangen, nie von jüdischen Personen im Besonderen. Nur einmal erzählt sie von einem jüdischen Arzt, der die Familie in Afrika behandelt hat, und zwar zu einem Zeitpunkt, als sie noch nicht unter dem Einfluss der nationalsozialistischen Propaganda stand.

Ihren Glauben an Gottes Fügung projiziert sie auf Hitler, kritisiert indes die NSDAP, aber nie Hitler direkt. Sie interpretiert die Geschehnisse als göttliche Strafe, als Anzeichen des Endes.

Leider endet ihre Erzählung kurz vor Kriegsende. Versagt ihre physische Kraft, oder ist es für sie zu schwer, die deutsche Niederlage in ihre Welt einzubinden?

Sabine Dänner und Waltraud Verlaguet

Enkelinnen von „Gustchen"

Bild 1: Elisabeth Wickert kurz vor ihrem Tod

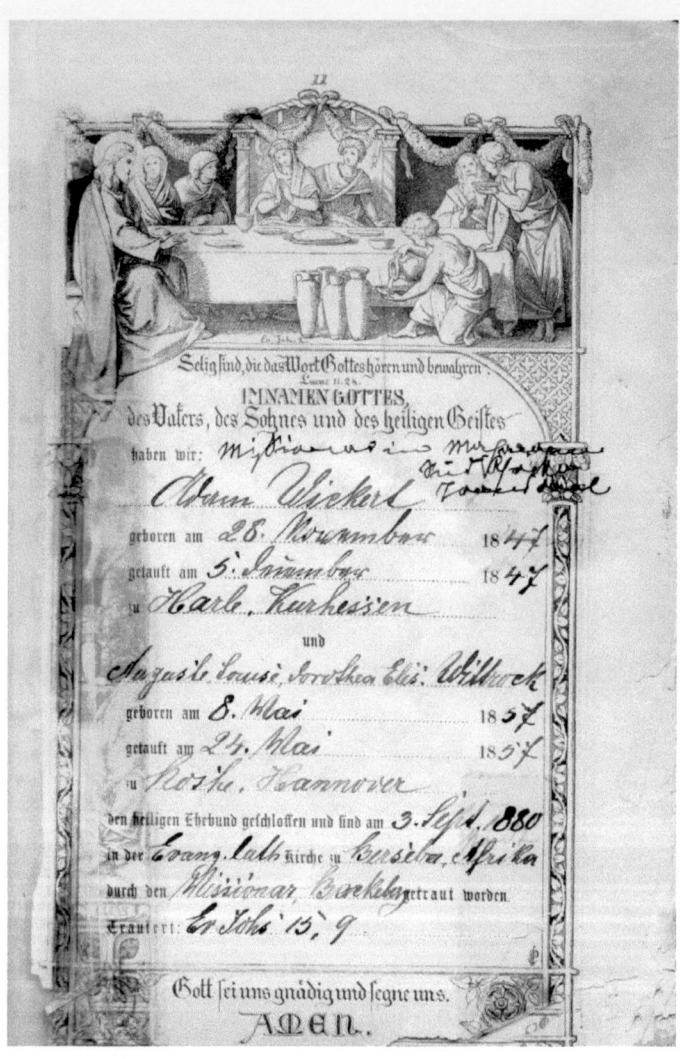

Bild 2: Die erste Seite der Familienbibel, in die Elisabeth alle Daten der Familiengeschichte einträgt (mit Dank an Thomas Anschütz für die elektronische Aufarbeitung des im Original stark beschädigten Bildes).

Die Familie

Da Elisabeth für ihre Familie schreibt, der die verschiedenen Personen und Geschehnisse bekannt sind, ist der Erzählfaden für Außenstehende manchmal schwierig zu verfolgen. Aber da sie die Familienbibel sozusagen als Tagebuch benutzt und alle wichtigen Daten einträgt, wie es in pietistischen Kreisen üblich war, können wir die Familiengeschichte hier kurz skizzieren:

Elisabeth Wittrock

Geboren am 8. Mai 1857 in Rosche/Hannover, verstorben am 5. März 1947 in Hermannsburg, Tochter des Pfarrers Friedrich-Wilhelm Wittrock und der Emma geb. Sievers, achtes von dreizehn Kindern, von denen sieben überlebten.

Sie heiratete im Jahr 1880 in Berseba (Südafrika):

Adam Wickert

Geboren am 5. Dezember 1847 in Harle/Hessen, verstorben am 1. März 1901 in Morgensonne (Transvaal), Sohn des Cyriakus Wickert und der Catharina Elisabeth geb. Schaumlöffel (aus Elisabeths Erzählung erfahren wir, dass er später vom Pfarrer Braun adoptiert wurde).

Aus ihrer Ehe stammen acht Kinder

1. 1881 (in Bethanie) Hermann Albert Werner Wilhelm
   (Willi): wird Kaufmann und heiratet 1915 in
   Bloemfontein Marga Dalldorf. Aus ihrer Ehe
   stammen vier Kinder:

   - Kurt Wickert
   - Karl-Heinz Wickert
   - Sonja Wickert
   - Gutta Wickert

   Über sein Ableben liegen uns keine
   Informationen vor.

2. 1883 (in Linokana) Caroline Emma Helena Elisabeth
   (Elli): bleibt ledig und stirbt 1939 in Bloemfontein.

3. 1885 (in Mahanaim) Theodor Wilhelm Winfried;
   wird Missionar in Indien und Afrika. In Indien
   heiratet er die Schwedin Elsa Blomstrand. Aus ihrer
   Ehe stammen sieben Kinder:

   - Ragni Wickert (1914)
   - Siegfried Wickert (1917)
   - Eskil Wickert (1918)
   - Ingrid Wickert (1921)
   - Gudrun Wickert (1924)
   - Barbara Wickert (1925)
   - Marianne Wickert

   Winfried stirbt 1963 in Südafrika.

4. 1887 (in Morgensonne) Ludwig Otto Walter; bleibt unverheiratet, wird Farmer in Deutsch-Südwestafrika und stirbt 1979.

5. 1889 (in Morgensonne) Georg Karl Werner; bleibt unverheiratet, wird Beamter im Transvaal und gilt seit 1915 in Frankreich als vermisst.

6. 1891 (Mahanaim) Heinrich Friedrich Hermann; dient bis 1918 als Marineoffizier und wird dann Kaufmann. 1926 heiratet er Herta Lange.
   Aus ihrer Ehe stammen zwei Kinder:
   - Günther Wickert (1929)
   - Christa Wickert (1935)
   Hermann stirbt 1991 in Hermannsburg, Deutschland.

7. 1894 (Mahanaim) Anna Albertina Augustae Emma (Emmchen); heiratet 1925 John Jack Campbell. Sie leben zunächst in den USA, dann in Großbritannien.
   Aus ihrer Ehe stammen zwei Kinder:
   - Elisabeth Henny Campbell (1928)
   - Alexander Elmsli Campbell (1929)

8. 1897 (Mahanaim) Mathilde Wilhelmina Auguste (Gustchen); heiratet 1923 in Hermannsburg (Deutschland) Karl Röther.
   Aus ihrer Ehe stammen drei Kinder:
   - Olaf Röther (1925)
   - Jutta Röther (1926)
   - Waltraud Röther (1928)

Vergangenheit

In Gottes Namen!

Die ersten Jahre

Die Kinder haben mich schon so lange und so oft gebeten, meine alten Erinnerungen aufzuschreiben, damit sie auch was davon hätten. So will ich es versuchen. Aber es ist nur für Euch, geliebte Kinder, ich bin nicht Tante S., die für Blätter schreibt, ich bin bloß Oma und schreibe für Euch.

Da müsste ich ja nun eigentlich ganz in meine Kindheit zurückgehen nach Rosche, wo ich 1857 geboren bin als achtes Kind meiner Eltern, Pastor Wittrock. Meine erste Erinnerung ist, wie ich auf dem Schoße meiner Mutter sitze und zusehe wie der kleine Wagen zurechtgemacht wird, worin mein Bruder Werner und sein Freund Müllers Hermann mich spazieren fahren sollen. Wie alt ich gewesen, weiß ich nicht, ich denke so 3 oder 4 Jahre. Ich hatte zweimal schwere Lungenentzündung gehabt, wobei ich auch meine Stimme verloren.

Die zweite Erinnerung ist, wie die alte Kirche abgebrochen wurde, und an derselben Stelle eine neue, größere gebaut werden sollte. Alle Bänke kamen in den sehr großen Pfarrgarten und wurden unter den Bäumen aufgestellt. Die

Kanzel war an einem großen Birnbaum und darunter stand der Altar. 0 wie herrlich konnten wir da spielen. Nun als die Kirche fertig war, sollte sie eingeweiht werden,

und dazu wollte der König von Hannover, Georg V.[1], kommen, es muss wohl im Jahr 1865 gewesen sein. 0 was wurden da für Vorbereitungen getroffen. Der Weg durch das «Hohe Holz» wurde eben und hübsch gemacht, ganz bis Uelzen.

Endlich war der erwartete Tag da. Das Dorf so hübsch gemacht und der Weg vom Pfarrhaus nach der Kirche an beiden Seiten mit jungen Tannen bepflanzt, zu hübsch. Bei uns kam ein Großonkel, Probst(?) Sievers mit Frau, Tante Amalie, die sollte uns Kleinen betreuen. Wir standen im Hintergrund, wo wir schön sehen konnten. Und dann kamen die Wagen. Der König stieg aus, eine große, stattliche Gestalt, geführt vom Kronprinzen, und sein Adjutant. In der Tür stand meine Mutter und machte einen so tiefen Knicks und dann nahm der König ihre Hand und sie führte ihn ins Zimmer. Ich weiß nicht, ob sie erst eine Erfrischung nahmen oder ob sie gleich zur Kirche gingen. Und dann ging der Zug los. Erst alle Pastoren aus der ganzen Inspektion und noch weiter viele im Ornat. Dann kamen weißgekleidete Mädchen, die Blumen streuten, darunter meine Schwester Auguste, dann der König und Kronprinz und dann das übrige Gefolge. 0 diese Menschenmenge! Sie konnten natürlich nicht alle in die Kirche - meine Mutter kam halb erdrückt wieder zurück. Viele Leute benutzten die Gelegenheit, um im Garten sich Obst von den Bäumen zu schlagen. Unser Geschrei half

---

[1] Georg V. von Hannover, Cousin der Königin Victoria.

natürlich nichts, bis ein Landjäger[1] kam und die ganze Bande hinaustrieb.

Und dann kam die Kirche aus. 0 der König hatte der Kirche eine prachtvolle Orgel geschenkt, die auch mit eingeweiht wurde! Mein Vater erzählte nachher, ihm wäre doch etwas schwarz vor Augen geworden.

Und dann das Essen! Der königliche Koch mit seinen Trabanten war schon vorher gekommen, damit hatten meine Eltern nichts zu tun. Aber wir hatten herrliche Pfirsiche im Garten, die waren gerade reif und kamen mit auf den Tisch, es muss also wohl September gewesen sein. Nach dem Essen wollte der König die Kinder sehn. Meine beiden ältesten Brüder, Albert und Ludwig, waren da, Albert als Student und Ludwig war Seemann und hatte gerade Urlaub, er half auch bei Tisch mit bedienen. Der König sprach mit jedem; ich hatte mich dicht bei dem König auf einem Stuhl gerekelt und alles Winken von Mutters Seite aufzustehen nutzte nichts, ich blieb einfach sitzen. Dann kam meine Schwester Auguste. Der König strich ihr übers Gesicht: «Nun weiß ich wie du aussiehst[2]«, und dann gab er ihr einen Kuss. Dann kam ich. Und als ich schnell hochspringen wollte, kippte mein Stuhl um, und der König fasste zu und hielt mich und sagte: «Holla mein Mäuschen, nicht fallen.» (Und dies ist ganz gewiss wahr, aber es wurde mir immer abgestritten, was ich mir wohl einbildete, bis ich nach 30 Jahren einen Jungen fand, der es beobachtet hatte und es vor Gericht beschwören wollte, dass es so gewesen!!!!). Dann strich er über mein Gesicht

---

[1] Gendarm.

[2] Der König war blind.

und gab mir einen Kuss auf die Stirn. Mein Bruder Ludwig war nicht zu finden trotz allem Suchen. Da sagte der Adjutant zum König: «Majestät, er war heute Mittag der Mundschenk.» Da ging ein Schmunzeln über des Königs Gesicht (das sehe ich heute noch!) und er sagte: «Ach so!»

Am anderen Tage war noch eine große Festlichkeit in Corrin bei Clenze, bei General von Knesebecks, da mussten meine Eltern auch noch hin, und dann kam das Jahr 66. Das ist ja geschichtlich bekannt, und was es im Gefolge hatte, ich will nichts darüber schreiben.

0 von Ludwig muss ich noch sagen, wo er endlich gefunden wurde. In seinem Bett unter dem Strohsack (wir hatten noch keine Matratzen, nur Strohsäcke!), um seinen Rausch auszuschlafen!!

Und dann hatten wir noch einen Pensionär, der nicht «richtig» war, er hieß «Amandus» Haus und war eines Rittmeisters Sohn. Er war harmlos, Amandus meine ich, und er hatte eine sehr fromme Mutter, die es auch durchsetzte, dass er in keine Anstalt kam, sondern zu uns. Die Pastoren waren damals noch nicht so gestellt wie heute und meinen Eltern ging es man sehr knapp bei den vielen Kindern; da nahmen sie Pensionäre, das half dann etwas.

Was Amandus tat, weiß ich nicht, aber er fing auf dem Heuboden die Ratten mit den Händen und dann band er sie mit den Schwänzen zusammen und zog mit ihnen durchs Dorf, und natürlich Kinder hinterher, und warf sie in die «Beeke»! Ach, ich könnte noch so viel erzählen, aber es wird zu weitläufig; es war eine ganz herrliche Kinderzeit, die ich in dem lieben Rosche erlebt habe.

1866

Ich glaube, es war im Mai 1866, da wurde mein Vater nach Römstedt versetzt. Rosche war eine sehr große Gemeinde, ich glaube 25 Dörfer und die fernsten waren 3 Stunden und Räder gab es damals noch nicht, alles zu Fuß ablaufen, da reichten schließlich die Kräfte nicht mehr. Dazu hatte mein Vater die furchtbare Choleraepidemie mit durchgemacht, immer unterwegs, auch die Gemeinde Hirnbergen musste er mit versorgen, denn der Pastor war einfach in ein Bad gegangen und überließ die Gemeinde sich selbst.

Da kamen sie zu meinem Vater nach Rosche. Das ging so lange, bis mein Vater sie auch bekam[1]. Aber er wurde wunderbar behütet und überstand sie, und als die Epidemie vorbei war, wurde er zum König befohlen nach Hannover und der sprach so lieb und hübsch mit ihm und dann bekam er einen Orden, den er bei festlichen Gelegenheiten ansteckte. Ja diese alten Erinnerungen, zu schön.

Nun aber nach Römstedt. Es waren nur 7 Dörfer und alle 1/2 Stunde vom Pfarrdorf entfernt. Da war es wirklich bequem.

Das Pfarrhaus war bei unserm Vorgänger, Pastor Jordan, abgebrannt, und das neue war noch nicht fertig, so mussten wir 1 Jahr in einem ganz nahen Nachbarort wohnen, in einem kleinen Häuschen, das sich ein Schneider Endermann gebaut hatte und da wir nun hereinzogen, blieb Endermann in seiner alten Kate solange. Ach war das schön. Wir mussten ja nach Römstedt zur Schule, ich war

---

[1] die Cholera.

9 Jahre alt, und nicht weit vom Hause floss die Beeke, wirklich ein Graben nur, aber wenn es viel regnete, wurde es ein reißender Strom und überschwemmte alles. Einmal, gerade als wir in Nottorf wohnten, war es auch furchtbar, alles ein See und die Straße nach Römstedt ganz weggerissen. Das Wasser brüllte man so. Dann kamen von den Höfen verschiedene Knechte, nahmen uns Kleinen auf den Buckel und trugen uns durch, und mittags kamen Knechte aus Römstedt und trugen uns durch. Dann wurde die Straße aber höher gelegt, so was passierte nicht wieder.

Nachtrag

Von 1866 muss ich noch etwas erzählen. Als wir noch im drögen Nottorf in dem Endermannschen Hause wohnten, kam eines Tages ein Händler und wollte was verkaufen, Mutter hatte nichts nötig und wollte nichts kaufen, da wurde er frech und schimpfte über das Königshaus, besonders über unsere liebe Königin Maria. Plötzlich öffnet sich Vaters Stubentür und Vater kommt heraus (er war solch großer stattlicher Mann!) macht die Haustür auf, und sagt zum Händler: «Hinaus!» Der wollte aber nicht, da gab er ihm einen Schubs und er flog heraus, fiel auf die Erde. Vater machte die Tür zu. Dann krabbelte der Kerl draußen sich hoch und fing wieder an zu schimpfen auf die Königin. Plötzlich macht Vater die Tür auf, mit einem Sprung draußen, packt den Kerl und schmeißt ihn die Stufen hinunter auf die Straße. Da rappelt der Kerl sich wieder auf und will wieder loslegen, da kommen aber aus den Wiesen die Knechte, die sich dies mit angesehen haben, mit ihren Hacken und Harken, und Vater sagte ihnen und zeigte auf den Kerl: «Haut ihn.» Da konnte der Kerl aber laufen und die Knechte mit Hurrah hinter ihm her, und wir Kinder natürlich auch. Wie weit sie ihn verfolgten, wweiß ich nicht mehr, sicher bis nach Römstedt.

Etwas Niedliches muss ich noch erzählen. Bei Endermanns wohnte ein Arbeiter Müller, er hatte einen kleinen Jungen Heinrich, 1 Jahr älter als mein Bruder Friedrich, der wohl 4 Jahr alt war, die beiden Jungen spielten schön zusammen. Unsere liebe Mutter erzählte uns immer schön die biblischen Geschichten und sie hatte uns gerade die Geschichte von Petrus erzählt, wie er auf dem Wasser dem Herrn Jesus entgegen gehen will und dann anfängt zu sinken und ruft: «Herr hilf mir, ich verderbe.» Und der Herr fasst seine Hand und rettet ihn. Nun war die Beeke wieder ganz schrecklich voll, das Wasser gurgelte man so, es war ein richtiger Strom, und besonders bei der Brücke war es arg und da spielten die beiden Jungen. Friedrich kam wohl zu nah und fiel hinein und trieb ab. Da rief er: «Müller helf mich, ich verderbe!» Und der kleine Müller war so gewandt, er lief am Fluss herunter wo er enger war und Büsche standen und als Friedrich da angetrieben kam, packte er ihn und zog ihn heraus. Und da kam unser Mädchen Dortchen auch angerannt, die das Geschrei gehört. Die brachte die beiden kleinen Jungen dann ins Haus. Wie dankten wir dem treuen Gott, dass er unsern kleinen Friedrich so bewahrt und den kleinen Heinrich!

Nun muss ich noch etwas von Rosche erzählen. Es war im Jahr 65, da starb in Hermannsburg der große Gottesmann Louis Harms. Den kennt ihr ja alle, den großen Erweckungsmann, der die tote Gemeinde Hermannsburg aufweckte.

Ich habe ihn nicht mehr gekannt, aber mein Vater hat uns viel von ihm erzählt, denn seit ihrer Kandidatur waren die beiden sehr, sehr befreundet und fast könnte ich sagen, Vater hat die Mission mitgegründet. Nun, eines Tages kam ich in Vaters Stube. Da ging er immer hin und her in der Stube, und meine Mutter saß am Fenster und weinte. Da sagte Vater: «Wie kann Gott uns diesen Mann schon nehmen.» Harms war sehr leidend, er konnte zuletzt nicht mehr gehen und wurde in einem Rollwagen gefahren, sein Ende war für ihn eine rechte Erlösung, aber für die Gemeinde ein schwerer Schlag. Dann kam 66 und dieser furchtbare Krieg, wo alles anders wurde. Da sagte Vater mal: «Ja der Gerechte wird vor dem Unglück weggenommen.»

Wie hätte dies den lieben Louis Harms getroffen, er hing so an seinem Fürstenhause. Nach ihm kam sein Bruder Theodor Harms nach Hermannsburg, auch ein sehr treuer, tüchtiger Pastor und mein Vater und er freundeten sich auch an, so sind wir immer etwas mit den Harms verbunden gewesen.

Als wir in Römstedt einfuhren und erst nach Nottorf mussten, kamen wir am Friedhof vorbei. Da sagte Vater zu Mutter: «Hier wollen wir beide ruhn.» Auf den beiden Friedhöfen der vorigen Gemeinden, Brökel und Rosche, lagen je 2 kleine Geschwister beerdigt, und nun dachte Vater es sich so. Aber es kam ganz anders. Hier auf dem Römstedter Friedhof liegen auch noch 2 meiner Geschwister, Maria und später noch Ernst August, wir waren 13 Geschwister, 6 starben klein, die anderen 7 lebten.

Ich war nun die Zweitjüngste, mein Bruder Friedrich der Jüngste. Jetzt ist alles tot, ich bin noch die Einzige von der Familie und ich bin jetzt 81 Jahre alt.

Ich habe eine lange Pause gemacht mit Schreiben, ich war sehr lange und sehr schwer krank. Niemand hat gedacht, dass ich wieder durchkäme, der Arzt sagte, es wäre direkt ein Wunder, meine jüngste Tochter Gustchen war 5 Wochen hier und hat mich treu gepflegt. Jetzt darf ich noch nicht heraus, diesen ganzen Winter noch nicht, wir haben heute den 1. März, aber ich denke, wenn es erst wärmer wird, kann ich hinaus, darauf freue ich mich schon. Und wo ich doch nun immer in der Stube sitzen muss, will ich versuchen, etwas weiterzuschreiben.

Ja, in Römstedt habe ich eine sehr glückliche Kinderzeit verlebt, da kam der Verstand schon dazu, man sah und merkte alles. Meine geliebte Mutter hatte Gicht und war sehr kröppelig, sie konnte weiter nie allein gehen und da war ich ihre Stütze, sie legte ihren Arm auf meine Hüfte, dann ging es sehr gut. Sie war eine kleine, zierliche Frau und mein Vater groß und stattlich. Wenn die Eltern dann Besuche in der Gemeinde machten, musste ich immer mit, und dadurch habe ich die Leute gut kennengelernt.

Nach einem Jahr zogen wir in das neue Pfarrhaus ein, sehr groß und geräumig. Aber meine kleine Schwester Marie hatte uns schon verlassen und ruhte auf dem Friedhof. Wenn in den großen Sommerferien meine Brüder kamen, machten wir jedes Mal eine Tour nach der Göhrde, ein großer königlicher Forst mit viel Wild, ganz eingezäunt und viele Beamte, die dafür angestellt waren. Wenn aus dem Himberger Pfarrhaus jemand mitwollte, der wurde mitgenommen.

An irgendeiner schönen Stelle wurde gefrühstückt, o wie schmeckte das gut, allerlei schöne Sachen wurden vom Wagen geholt, und wir suchten Bickbeeren und sahen dann das Wild grasen. Vor den wilden Schweinen hatte ich immer Angst. Dann fuhren wir nach «Göhrdehof», wo alle die hohen Forstbeamten wohnten, und die benachbarten Pastoren mit ihren Familien kamen auch, da war dann ein großes gemeinsames Mittagessen. Dann machte Vater seine Besuche bei den Beamten und sie kamen dann und begrüßten meine Mutter, die ja nicht mitgehen konnte.

Dann wurde das Schloss besehen, denn zu der großen Hofjagd kam doch der König, da habe ich das reizend eingerichtete Schlösschen noch zu Georg V. Zeiten gesehen. Dann das große Gebäude, wo die Offiziere und Beamten drin wohnten. Gleich wenn man hereinkam, stand da ein großer ausgestopfter Wolf, der hatte sich mal nach der Göhrde verirrt und richtete viel Schaden und Schrecken an, sodass eine große Treibjagd auf ihn gehalten werden sollte. Das war noch unter der Kurfürsten Zeiten. Der Vater von König Georg, der Kurfürst, konnte nicht gut Deutsch sprechen, er war ja ein Engländer. Na, unter diesen Jägern war einer, der hatte das «Wechselfieber», aber er wollte diese Jagd doch gern mitmachen. Da hört er im Busch neben sich solch merkwürdiges Geräusch, und als er genau zusieht, steht der Wolf da, und er schießt und schießt ihn mausetot! Später wird er an den Hof nach Hannover befohlen, und muss da auf einer großen Hofgesellschaft alles erzählen, auch diese Laute nachmachen, die er vom Wolf gehört hat. Da schreien die Damen, und da sagt der König mit Lachen: «Haha, fürchte sich vor die dote Wolf.» Und dann wurde er ausgestopft und kam in das Schloss in der Göhrde.

Nach 66, als König Wilhelm die erste Hofjagd abhalten wollte, war das Königsschloss ganz ausgeräumt, alles war über Seite gebracht, heimlich, von den treuen Beamten.

Dann kriegten die Pastoren, durch deren Dörfer der König

24

kommen musste, den Befehl von den neuen preußischen Beamten, die alten waren alle abgegangen, sie sollten im Ornat an der Ehrenpforte stehen mit den Schulkindern und singen und die Glocken sollten läuten. Da weigerten sich alle, Bevensen, Römstedt und Eimbergen, sie hätten dem König Georg den Eid geleistet, und wären noch nicht von ihm entbunden, dies könnten sie nicht. «Dann werden Sie abgesetzt,» sagte der Beamte. Als der König Wilhelm dies hörte, wollte er nicht hin zur Hofjagd, aber es wurden Leute hingeschickt, die da mal nachsehen mussten, und da sahen sie, dass alle Häuser leer waren. Da fuhren die großen Wagen voll Möbeln quer durch Römstedt, denn damals war die Bahn noch nicht bis dort gelegt, jetzt ist das ja anders. Und als alles fertig war (der Wolf kam bei der Gelegenheit oben auf den Boden, ob er noch da ist, weiß ich nicht), da fuhr König Wilhelm eines Abends ganz still durch Römstedt, und es ist man eine sehr traurige Hofjagd gewesen.

Ich kann mich nicht mehr erinnern, ich glaube nicht, dass der König jedes Jahr zur Jagd kam. Das weiß ich nicht mehr, wie das kam, aber es wurde doch nachher ein Predigerseminar, vielleicht könnt ihr das mal herausfinden, es ist ja alles so anders geworden in der lieben alten Göhrde. Die alten Beamten sind lange weg, ich glaube, jetzt ist da nicht viel mehr los, ach manchmal habe ich richtig Heimweh nach der lieben alten Göhrde und den alten Zeiten.

Ja das muss ich noch sagen: Als dem König Georg, der ja in Wien in der Verbannung lebte, das hinterbracht wurde, dass die Pastoren sich geweigert hatten, zu singen, und nun wohl abgesetzt würden, da schickte er sofort Order, die entband sie ihres Eides zu ihm, und damit war die Geschichte erledigt.

1870

So gingen die Jahre hin in Römstedt, ich wurde größer und kam dann zur Konfirmandenstunde bei meinem lieben Vater. Und dann brach der Krieg aus mit Frankreich, mein Bruder Theodor musste auch mit hinaus, na, das wisst ihr ja aus der Geschichte, wie das endete, wie wir das elende Frankreich verkloppten. Dann kam ich noch einige Zeit nach Verden in ein Pensionat, das war damals so Sitte, die «höheren Töchterschulen» gab es noch nicht, und dann kam ich zurück und hätte nun eigentlich irgendwohin müssen zum Haushaltlernen. Aber meine Schwester Auguste wollte Diakonissin werden und wartete sehr schmerzlich darauf, dass ich groß wäre und den Haushalt übernehmen könnte und so kriegte sie mich in die Lehre und brachte mir das Nötigste bei (viel wird es wohl nicht gewesen sein), aber ich hatte ja mein Mütterchen die ich immer fragen konnte.

1873

Und diesen Sommer wollten wir ein Missionsfest haben. Dann musste sie nach Hannover ins Henriettenstift. Dies Fest wurde großartig vorbereitet, unsere kleine Kirche so schön geschmückt, und für den Nachmittag im Dorf auf einem Hof ein sehr hübscher Festplatz. Pastor Harms, Hermannsburg, Pastor Speckmann und mehrere andere Herren sollten sprechen. Die Missionszöglinge kamen auch mit zum Blasen. Wir hatten im Garten einen sehr großen wunderschönen Walnussbaum, wo ein hübscher Sitzplatz war, und unter diesem Baum habe ich meinen nachherigen lieben Mann kennengelernt. Er war ein

26

Kurhesse, und dunkel, braune Augen und dunkles etwas krauses Haar. Ich war 16 Jahr, trug noch hängende Zöpfe. Von der Zeit an ist er öfter nach Römstedt gekommen, er hatte alle 4 Wochen Missionsstunde in der Göhrde bei Johannes zu halten, ich habe den Namen vergessen, wo Johannes wohnten, dann musste er über Römstedt und kam immer bei uns vor. So haben wir uns 4 Jahre vorher gekannt bis wir uns 1877 verlobten.

Im Winter nach dem Missionsfest trat Auguste dann als Diakonisse ein. Meine Eltern hatten eine Bedingung gestellt. Wir waren nur wir 2 Töchter. Wenn nun etwas im Hause passierte, Mutter kränker würde, oder ich mich verheiratete, dann würden sie Auguste zurückfordern, und wirklich, die Oberin ging darauf ein.

Nun hatte ich eine herrliche Zeit mit meiner lieben, lieben Mutter. Ihre eine Schwester Meta Sievers wohnte bei uns. Sie war Rückenmark-leidend, konnte sich nur ganz langsam bewegen, musste auch viel getragen werden.

Sie liebte Auguste über alles und Auguste liebte sie, so war sie viel oben bei ihr und Mutter saß unten allein, Auguste und mein Bruder Werner waren ihre Lieblinge und meinen Bruder Theodor und mich konnte sie nicht ausstehen.

Ja nun kam es anders, nun saßen Mutter und ich zusammen. Zuweilen mussten unser Mädchen Dortchen und ich Mutter die Treppe herauftragen zu Tante Meta oder wir holten Tante Meta die Treppe, auch tragen, herunter, dass die Schwestern sich mal sahen.

Ehe Auguste eintrat, bekamen wir noch ein Brüderchen, das 13. Kind, aber es lebte nur ein Vierteljahr, nun liegen die beiden Geschwister, Maria und Ernst August nebeneinander auf dem Friedhof.

1877

1877 ließ mein Vater sich pensionieren, und wir wollten nach Celle ziehen. Im Mai 77 verlobte ich mich mit dem Missionar Adam Wickert aus Hessen. Da haben wir zusammen eine herrliche Reise nach Hessen gemacht, damit ich die neuen Verwandten auch kennenlernte. Ja, das war wirklich schön, alles so anders als bei uns in der Heide, ich konnte auch die Sprache gar nicht verstehen und dann diese unglaubliche Tracht, diese Schwälmer Tracht ist ja großartig. Je reicher der Bauer ist, je mehr Röcke ziehen sie an, die gehen bis ans Knie, sie stehen wie ein Wagenrad ab, das Hemd ist ganz eng, so dass sie nur kleine Schritte machen können. Ich weiß nicht, ob die Tracht noch existiert, sie sterben ja aus, diese alten Trachten. Der Besuch konnte leider nur kurz sein, da das Schiff, mit dem die jungen Brüder hinausfahren sollten, am 9. Juni von Hamburg abging, so hatten wir kaum 4 Wochen, aber wir haben es genossen. Auf der Rückreise waren wir in Celle vor, denn meine Geschwister wollten den Schwager doch auch kennenlernen. Mein Bruder Werner, Student, kam von Göttingen, meine Brüder Theodor und Friedrich kamen zur Abreise nach Hamburg von Glückstadt, wo Theodor Oberlehrer war und Friedrich dort die Schule besuchte.

Na, nun zu Haus gab's alles mögliche zu packen und einzurichten, und dann kam die Abordnung in Hermannsburg. Dazu reisten wir natürlich hin, außer

Mutter, die ja nicht konnte. Und meine Schwiegereltern aus Hessen kamen auch dazu. Mein lieber Adam war ein Adoptivsohn von Pfarrer Brauns, die keine eignen Kinder hatten. Da waren wir ganz wie eigne Kinder, 2 kleine Mädchen hatten sie auch angenommen. An denen hatten sie aber nicht viel Freude. In Schrecksbach habe ich meinen Verlobten auch zum ersten Mal predigen hören, es war so schön und ich hatte solche Angst, das war nicht nötig, denn er hatte kein bisschen Angst und dachte nicht an «Stecken bleiben». Als wir wieder nach Römstedt kamen, wollte mein Vater seinen Schwiegersohn auch hören, nun da hatte ich wieder Angst, wäre nicht nötig gewesen, Vater sprach sich sehr lobend aus, und er war ein großer Redner und er musste viel anderswo predigen. Und diese schöne Predigtgabe hat mein lieber Mann sein ganzes Leben behalten, wo er auch predigte in Afrika, sie hörten ihn alle gerne. Und diese Predigtgabe hat mein lieber 2. Sohn Winfried geerbt, er hat es von 2 Seiten, von seinem Vater und von seinem Großvater. Er ist sehr klug, ist der Missionsdirektor geworden und augenblicklich für 5 Jahre in Afrika, um dort allerlei Veränderungen in der Mission dort vorzunehmen. 2 Jahre ist er weg, ich hoffe ja so, dass ich sein Kommen noch erleben werde, aber «wie Du willst, o Herr!»

Ja nun bin ich tüchtig abgeschweift, und muss erst mal zurückgehen. Also am 9. Juni ging das Schiff. Meine Schwiegereltern fuhren auch mit nach Hamburg und dann direkt nach Hessen. Im Sommer gab's noch viel zu tun, der Haushalt musste aufgelöst werden, und auch an den neuen Haushalt in der Stadt musste gedacht werden. Im Herbst zogen wir dann nach Celle in die Jägerstrasse. Mein Bruder Albert wohnte in unserer Nähe, das war schön, er konnte uns viel helfen, und mein jüngster Bruder Friedrich, der so lange bei Albert gewohnt hatte, kam zu uns. In Celle war es nicht so schön, wir hatten wohl nette Nachbarn, aber es passierte so allerlei in den Kirchensachen und schließlich kam die Separation.

Pastor Th. Harms trat aus der Landeskirche und gründete in Hermannsburg die Freikirche. Und weil mein Vater auch so stand, wollten wir lieber nach Hermannsburg ziehen. Die ganze Mission trat geschlossen auch aus der Landeskirche und ging zur Freikirche.

1880

Nun war auch meine Wartezeit zu Ende. In Afrika brach der furchtbare Zulukrieg aus, das große England wollte doch das ganze Land haben und es war ein furchtbarer Krieg. Da wollte Pastor Th. Harms uns nicht herausschicken - nach 3 ½ Jahren erst konnten wir reisen. Im April 1880 zogen wir nach Hermannsburg und im Juni war unsere Reise. Ach, es war schrecklich, solche lange Verlobungen sind nicht schön und dann diese Entfernung, ich dachte immer, wenn ich mein gelähmtes süßes Mütterchen ansah: «Wie hast du bloß Ja sagen können.»

Aber nun half es ja nichts und endlich kam die Abreise und der treue Gott half uns auch über den Abschied und mit dem Segen meiner geliebten Eltern verließ ich meine Heimat.

Mein Schwiegervater Braun aus Hessen fuhr mit bis Hamburg, und mein Bruder Theodor kam aus Glückstadt, so hatte ich alle Lieben noch gesehen. Mit uns fuhr auch der älteste Sohn von Pastor Harms nach Afrika, ich weiß nicht mehr recht, warum. Und mein Vater sagte mir: «Bekümmere dich auf dem Schiff auch ein bisschen um Otto.» Nun und eines Tages hatte ich solches Heimweh, und ich musste so viel weinen, da dachte ich: «Geh mal nach Otto, vielleicht wird es dann besser.» Also ich fand ihn in seiner Kabine bitterlich weinend. Ich sagte unter Schluchzen: «Mein Vater hat mir gesagt, huhu, ich soll mich mal nach Ihnen umsehen, huhu, und das tue ich nun auch huhu» und er sagte: «Mein Vater hat mir auch gesagt, huhu, «sieh dich auch nach Lisbeth um, huhu, und das will ich nun auch, huhu, und nun wollen wir uns auch Du nennen, huhu huhuh.»

In England mussten wir ein anderes Schiff besteigen, da kamen viele Passagiere an Bord, (auch den ersten Brief von meiner geliebten Mutter bekam ich dort), ein Pflanzer, Weißer, aus Süd-Amerika. Er hatte eine schwarze Frau und ein schneeweißes Kind, ich konnte es gar nicht begreifen. Das Kind hieß «Schimi», sie war wohl so 10 Jahr alt und tobte auf dem Schiff umher und dann schrie die Mutter: «Schimii, Schimii.» Wir haben viel gesehen auf der Reise, Madeira, Las Palmas und schließlich auch St. Helena, wo doch der große Napoleon gefangen saß. Da kamen Boote ans Schiff mit lauter Schwarzen, aber alle europäisch gekleidet und war es «die Großmutter und lauter Verwandte von Schimi», die hier nun das Schiff verließen. Dann endlich Kapstadt. Da mussten wir wieder ein kleines Schiff besteigen, ich ging in die Stadt und sah, wie gänzlich anders es in Afrika war als in Europa, dies Gewimmel von den farbigen Völkern.

Dann gings weiter nach Durban.

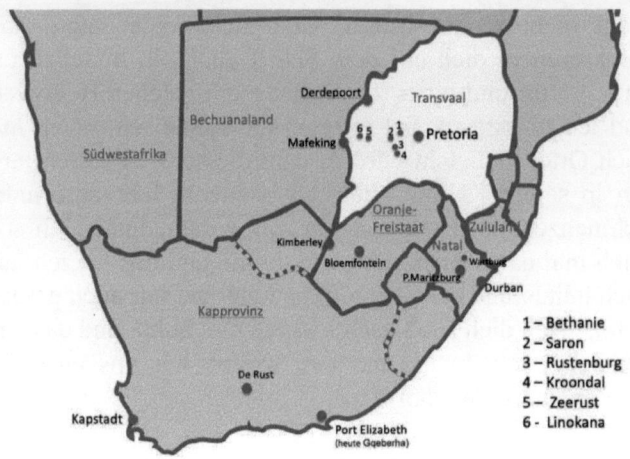

Bild 3: Die wichtigsten genannten Orte

Die Bahn ging noch nicht ganz nach Maritzburg, ich weiß nicht mehr, wie die Station hieß wo wir aussteigen mussten, da standen 2 Ochsenwagen, die uns holen sollten, ein sogenannter «Bockwagen», das ist ein Wagen ohne Zelt, wo alle schweren Sachen aufgeladen werden, die Brüder mussten unter dem Wagen auf der Erde schlafen. Wir 5 Mädchen kriegten den Zeltwagen. Weil er aber zu schmal und zu kurz war, konnten wir nicht in der Länge liegen, sondern wir mussten quer liegen und weil wir dann auch furchtbar eng liegen mussten, legten wir uns alle auf die rechte Seite. Wenn die sich mör[1] gelegen hatte, kommandierte der Vordermann: «Ganzes Bataillon kehrt» und dann drehten wir uns alle unter großem Gelächter auf die linke Seite, bis wir dann glücklich einschliefen. So kamen wir denn glücklich nach NeuHannover, Wartburg,

---

[1] Müde.

32

wo ein Amtmann Reiche wohnte, der vor einem Jahr aus Hermannsburg ausgewandert war und sich hier angekauft hatte, dort sollten wir 8 Tage bleiben und es waren schöne Tage. Ich habe dort allerlei gelernt, vor allen Dingen hat der alte Herr mir das Reiten beigebracht. Das war zu schön, und so verschiedenes Essen lernte ich kochen nach afrikanischer Weise besonders von der « sweet potato», süße Kartoffel, es schmeckte sehr schön.

Ich habe ganz vergessen von meiner Abordnung zu erzählen.

Sie war am 5. oder 6. Juni in der neuen Kirche, die die Freikirche gebaut hatte. Es waren eine Menge, die abgeordnet wurden, denn nach Australien und Indien und Amerika kamen auch welche. Sehr viele Freunde waren zu dem Fest gekommen und die Kirche war stoppevoll. Wir saßen vor dem Altar, immer 5 auf einer Bank. Pastor Harms hielt die Abordnungsrede und dann forderte er alle lieben Amtsbrüder auf, auf den Altar zu kommen und mit einzusegnen. Die erste Bank trat heran und kniete und dann ging sie nach hinten und die 2. Bank trat vor, es gab nie ein Gedränge. Mein lieber Vater stand auch auf dem Altar und als meine Bank kam, sagte Pastor Harms zu ihm: «Hier ist sie» (mein Vater sah schlecht) und er legte seine Hand auf meinen Kopf und segnete mich.

Unser Spruch war Jes. 40,31. Die Leute erzählten mir nachher, die Leute hätten alle geweint. Den Nachmittag mussten wir alle zu Harms ins alte Missionshaus, aber ich babbelte mich bald frei und ging nach Haus, war es doch der letzte Abend zu Haus bei meinen Geliebten und bei meinem süßen, süßen Mütterchen, ich schlief auch die Nacht bei ihr im Bett, o war das schön!! --

Als unsere Zeit in Wartburg um war, kletterten wir wieder auf den Ochsenwagen, um nach Hermannsburg zu fahren.

Wir brauchten nur noch 1 Nacht unterwegs zu sein, dann waren wir in Hermannsburg. Unterwegs kamen verschiedene «Bräutigämmer» uns entgegen, die ihre Bräute begrüßen wollten. Meiner war nicht dabei, der saß hinten in Transvaal. ·

Mit uns auf dem Schiff waren auch schwedische Handwerker und ein Missionar Witt. Er musste im Zulukrieg flüchten, ging nach Schweden und kam nun zurück, um die Station, die ganz zerstört war, wieder aufzubauen, seine Frau und Kinder hatte er in Schweden gelassen. Er war auf dem Schiff viel bei uns, er fuhr 1. Klasse, wir 2., und er war auch jetzt mit in Hermannsburg, um zu seiner Weiterreise alles vorzubereiten. Ich war ganz entzückt, wie schön Hermannsburg war, und richtige große deutsche Eichen waren da.

Wir hätten in Hermannsburg 3 Monate warten müssen, denn es musste erst regnen, sonst hatten die Ochsen kein Gras, bis November sicher hätten wir da sitzen müssen, das war nicht schön. Doch habe ich viele liebe Leute dort kennengelernt, auch viele, die meinen lieben Vater von den Hermannsburger Missionsfesten her kannten, das hat mir viel Freude gemacht. Aber sonst war es langweilig. Da schenkte mir Missionar Witt eines Tages £25. Dafür sollte ich mit der Post nach Transvaal fahren. Die Reise dauerte 3 Tage. Wilhelm Behrens aus Bethanien wollte auch mit, der sollte mich begleiten. Na, nun wurde eifrig gerüstet, ich musste verschiedenes umpacken, denn ehe meine Sachen kamen, dauerte es noch lange. Sup. Hohls sagte mir, 50 lb. dürfte ich frei mitnehmen, ich selbst würde aber nicht gewogen. Da zog ich erst einen Morgenrock an, darüber ein Tagkleid und 1 Schürze, dann eine Jacke und dann einen Radmantel und dann ging ich in den Saal und präsentierte mich. Ein tosendes Gelächter umgab mich und Hohls sagte, ich wäre eine ansehnliche Erscheinung.

In den Koffer packte ich meinen Brautstaat, an der andern Seite ein Sonntagskleid, Wäsche, Schürzen, Schuhe, Strümpfe, na da war der auch voll, und dann kam der Abschied von all den Lieben.

In Maritzburg war die Post. Dies ist ein 2-rädriger Karren, 8 Pferde davor. Vorne saß der Kutscher, ein Capeboy (halb Schwarze), der hatte die Zügel von den 8 Pferden, und ein anderer Boy, der neben ihm saß, hatte die lange Peitsche. In der Mitte waren alle Postsäcke aufgestapelt. Dann ein Sitz hinten heraus, da saßen wir, ich, Wilhelm Behrens und ein englischer Missionar Moffat, wir guckten nach hinten, was <u>vor</u> uns war, konnten wir nicht sehen. Und wir fuhren immer im rasendsten Galopp, über Stock und Stein. Otto Harms sagte «als ob sie den Teufel in dem Rücken haben.» Die Flussbetten sind tief, man muss richtig bergunter fahren, dann durch den Fluss und dann bergauf, oft so steil, dass man denkt man schlägt rückwärts kopfheister! Na, so gings bei uns auch. Ich kriegte auch einmal einen Stoß an den Kopf und wurde vom Sitz geschleudert. W.B. hielt mich fest, sonst wäre ich herausgefallen. Herr Moffat schalt den Treiber, er sähe doch, dass er eine Lady im Wagen hätte. Da sollte er es melden. Dann wurde ich zwischen die beiden Herren gesetzt und wenn wir wieder an eine Drift kamen, schrie der Kutscher: «Hold on, gentlemen» (Haltet euch fest) und das taten wir dann auch. Alle 2 oder 3 Stunden gabs frische Pferde, die standen am Wege, frisch eingespannt und weiter gings. Zur Essenszeit wurde bei einem Hotel der Wagen ausgespannt. Der Tisch war schon gedeckt, wir aßen, tranken eine Tasse Kaffee und weiter gings, einmal bis abends 11, bis wir an unser Nachtquartier kamen. Morgens um 5 gings wieder los. Auf Damenbesuch waren diese einsamen Häuser nicht eingerichtet, einmal kamen wir an ein ganz kleines Haus, eine Frau mit ihrer Tochter bewohnte es, kein Mann war im Hause. Sie wusste nicht, wo sie mich unterbringen sollte, die Männer gingen nach oben, da war für die Platz. Ich musste mit der Frau zusammen in ihrem Bett schlafen. (Die Engländer haben meist diese großen 2-schläfrigen Bettstellen, die wir in Deutschland glücklicherweise nicht kennen!) Die Tochter schlief auf der Erde. Mir war nicht sehr behaglich zu Mut, es war solch ein elendes Loch, und ich behielt auch mein Zeug an und meinen Mantel und schlafen konnte ich auch nicht. Ich war froh, als es weiterging.

Diese Fahrt werde ich nie vergessen, da habe ich was vom Land gesehen. Ganz kahles Land, kein Busch, kein Strauch, das sogenannte Hochfeld. Wild lief da man so herum. Und an einer Stelle lauter Heuhaufen, so dachte ich, und dachte, schneiden sie denn hier das Gras? und als wir näher kamen, waren es Termitenhügel, Ameisenhügel, nein so was!

Der Ochsenwagen machte diese Strecke von Natal nach Pretoria in 4 Wochen, und Vater machte sie doch mit dem Wagen und da hatte er ein Erlebnis, das muss ich Euch erzählen. Er wollte eines Tages etwas Wild schießen und ging vom Wagen weg, immer weiter, und schließlich sah er nichts mehr vom Wagen und hatte auch die Richtung verloren. Ja nun wohin. Er kam an ein großes Wasserloch und wollte trinken, er irrte schon stundenlang umher, plötzlich steht am andern Ende des Loches ein Löwe. Der Schrecken war furchtbar, und Vater gab sich rettungslos verloren, er befahl seine Seele Gott dem Herrn, sie standen und guckten sich an und auf einmal dreht der Löwe um und geht weg. Wie ein Wunder! Wie hat Gott unsern Vater beschützt durch seine Engel. Auf einmal hört er Peitschenklappen und siehe da, da ganz hinten kommen die Wagen. 0 diese Freude! Der Treiber sagte, er hätte immer geklappt und Vater hatte auch öfter geschossen, aber ihr macht euch ja keinen Begriff von dieser endlosen Fläche und dieser Einsamkeit. Na, dieses Mal hatte der Herr gnädig geholfen und alles wohl gemacht.

Nun wieder zu meiner Reise. Am dritten Tage früh kamen wir in Pretoria an und gingen zu dem deutschen Pastor Grünberger, der sehr erstaunt war, es war an einem Sonntag.

Frau Grünherger war sehr lieb und nett, sie gab mir ein Zimmer und ich konnte mich wieder menschlich machen und dann gingen wir zur Kirche und ich sah dort viele liebe deutsche Menschen. Das war so nett. Pastor Grünberger erzählte mir, dass mein Bräutigam vor einigen Tagen hier gewesen, und eingekauft hätte. Ich hatte ja gleich von Hermannsburg, als meine Reise mit der Post beschlossen war, an ihn geschrieben, dass wir nach Rustenburg kämen. Da sagte Behrens, warum nach Rustenburg, wir haben es von Pretoria ja näher, ich schrieb dann sofort hinterher, aber den Brief hatte er doch wohl noch nicht bekommen. Wilhelm Behrens ließ sich ein Pferd geben und ritt gleich nach Haus, er wollte «ihn» mir dann schon schicken.

Als er weg war, kam unser Missionar Peters nach Grünbergers und als er alles erfahren hatte, sagte er, er wollte mich morgen bis Hebron mitnehmen, Kaisers könnten mich dann weiterbefördern. So machten wir es denn auch, am andern Morgen gings los.

Als wir ausspannen wollten und essen, sagte der eine Kaffer, da kommt ein Reiter und nach einer Weile: «Es ist Mynheer Kaiser.» Er kam auf unsern Wagen, und kletterte vom Pferd und stellte sich vorne bei der Vorkiste und begrüßte mich und sagte, dass mein Bräutigam vor einigen Tagen bei ihm gewesen. Plötzlich sagte Peters: «Na, da ist er ja,» und wirklich, er hält neben dem Wagen und ruft mir fröhlich zu, und Kaiser lachte belustigt. Na, ich konnte aber herunter kommen vom Wagen und er herunter vom Pferd und dann lag ich in seinem Arm und wir konnten immer nur sagen: «Dem Herrn sei Dank.» Beim Frühstücken erzählte Kaiser, dass Vater gestern Abend angekommen und ihm alles erzählt. Er ritt das Pferd, das W. Behrens sich von Grünberger geliehen hatte und am andern Morgen ritt Kaiser mit, und als wir gegessen hatten, nahm er das Pferd mit nach Pretoria und wir fuhren nach Hebron. 0 war die Fahrt schön, nach 3 ½ Jahren hatten wir uns wieder.

Als wir nahe bei Hebron waren, kam uns die ganze Schule entgegen mit dem Lehrer und holten uns mit Gesang ein, auch geschossen wurde, das ist so bei den Buren Sitte vor einer Hochzeit. Dann gingen wir ins Haus und Frau Kaiser begrüßte mich so lieb und schwesterlich, und da stand ein gedeckter Teetisch, gerade wie zu Haus, und da übermannte es mich und ich musste erst ganz tüchtig weinen.

Den andern Tag blieben wir noch in Hebron, und ich konnte mir alles ordentlich ansehen, und den 2. Tag fuhr uns Bruder Kaiser nach Bethanien, meiner künftigen Heimat.

Der Weg war sehr schön, wir fuhren viel durch Wald, «Busch» sagt man hier, und ich dachte, ob ich wohl Panther oder anderes wildes Getier sähe, aber nichts. Dann kamen wir durch den Krokodilrivier, ein mächtiger breiter Fluss, und ich dachte, ob ich wohl ein Krokodil sähe, aber nichts.

Na, und dann kamen wir nach Bethanien und fuhren bei der Station vor, wo der alte Missionar Behrens, der Vater von Wilhelm Behrens wohnte. Ja, das war weniger schön, von Herzlichkeit gar keine Rede. Am liebsten schriebe ich nichts darüber, aber ganz übergehen kann ich es nicht. Mein Bräutigam hatte die Leitung des schwarzen Lehrerseminars bekommen, dafür war er hier in Hermannsburg abgeordnet. Der alte Behrens war der Vorsteher von der Transvaal Mission, aber es war kein nettes Verhältnis zwischen ihm und den Brüdern, sie kannten ihn schon von Deutschland her, wo er seinen Hof der Mission geschenkt und dann in den Missionsdienst trat. Es stellte sich nachher heraus, dass der Hof so verschuldet war, dass er über Kurz ihm verkauft wäre, dann hätte er auf der Straße gestanden, es war also so'n richtiger Gaunerstreich. Erst wurde hier in Deutschland ein großes Geschrei gemacht, wie Großes der liebe Mann getan, bis dann die Gläubiger so ankamen, da machte die Mission ein langes Gesicht, aber das half nun nichts, sie musste die Schulden bezahlen. Na, und in Afrika wollte er auch den Herren spielen, in alles und jedes steckte er seine Nase, es war ein ewiger Krakeel. Mit meinem Bräutigam stand er sich auch nicht gut, alles wollte er kommandieren, so und so sollte es sein. Und mein Verlobter war ein Fachmann und ließ sich nicht dreinreden. Aber er schrieb an die Leitung hier, und bat um seine Versetzung, wenn dieser Kursus zu Ende und das bewilligte die Leitung. Das ganze Seminar wurde nach Berseba verlegt, wo viel Wasser war und sie ihren Lebensunterhalt selbst bauen konnten, Mais und Korn und Tabak. Ja mein Kommen in Bethanien fing gleich mit Herzeleid an, und das Jahr, wo wir noch da wohnten, war nicht schön.

Den andern Tag kam der alte Missionar Backeberg von Berseba und holte uns nach dort. Da sollte auch unsere Hochzeit sein die nächste Woche, aufgeboten waren wir schon. Backebergs waren immer so sehr nett zu meinem Verlobten, sie hielten sein Zeug in Ordnung und schickten mal was Schönes zu essen. Na, da war der Empfang ein anderer als in Bethanien. Da war ich ganz zu Haus, es war zu nett. Zur Hochzeit kamen viele Geschwister, Wenholds, Penzhorns, Lehrer Stumpf von Morgensonne, Kaisers. Meine Brautjungfern waren Dora Kaiser und Mathilde Penzhorn, eben konfirmiert, sonst waren es lauter Kinder. Ich hatte ganz furchtbares Heimweh an dem Tage. Denkt Euch, lauter Fremde, kein einziges liebes vertrautes Gesicht, ich musste immer feste schlucken. Der alte Backeberg hatte die Trauung und die Hochzeit war sehr groß, nicht so viele Weiße, aber viele Schwarze. Herr Backeberg hatte einen großen Ochsen gestiftet, der geschlachtet wurde und eine alte Frau Zippora hatte die Bewirtung der Kaffern, die draußen unter den Bäumen saßen. Ihr hättet diese großen Töpfe mal sehen sollen, die auf den Feuern draußen standen. Wir Weißen aßen natürlich im Hause, und alles ging soweit gut, bis der alte Bruder Kaiser die Gesundheit meiner Eltern ausbrachte. Da war es um mich geschehen, die Tränen stürzten man so, es war schrecklich, ich schämte mich so, aber ich konnte es nicht helfen. Na, endlich wurde ich wieder ruhiger und da war mir auch leichter, die Tränen hatten mir gut getan. Und am Nachmittag spielten wir mit den Kindern.

Am andern Tag fuhren die Gäste wieder weg, und mein Mann und ich fuhren mit, erst nach Kana, dann nach Rustenburg, wo ein alter Missionar Zimmermann war, so'n bisschen «vornehmer», dann nach Morgensonne, wo die Schule war und dann über Saron nach Berseba und von da nach Haus in Bethanien.

Dann fing der Unterricht wieder an im Seminar und ich musste mich in das neue Leben erst einleben. Am schlimmsten war, dass ich mit dem Essenkochen nicht zurechtkommen konnte. Bethanien war eine ganz trockene Station, kein Wasser da, wir hatten kein Land, keinen Garten, rein nichts. Das Seminar kam auch nur deshalb nach Bethanien, weil der große Behrens da war. Alles, was die jungen Leute zum Essen brauchten, musste gekauft werden, und wir hatten die vielen Wasserstationen. Und das hat mein Mann durchgesetzt, er schrieb alles an die Leitung, dass, als dieser Kursus beendet war, das Seminar nach Berseba verlegt wurde. Da war viel Wasser und viel Land, da konnten sie ihr Land bearbeiten und es brauchte nicht gekauft zu werden, auch ein großer Garten war da mit vielen schönen Obstbäumen. Wir machten unsern Besuch bei Behrens, aber von einem freundschaftlichen Verkehr ist nie die Rede gewesen. Im folgenden Jahr im Juli kam mein Bruder Werner, der Arzt ist. Er fand es schrecklich, dass ich so allein in der Fremde sein sollte, das könnte er nicht ertragen, und deshalb wanderte er auch aus. Er hatte sich um die Stelle eines Regierungsarztes beworben und sie war ihm auch zugesagt, er musste dann in Rustenburg wohnen.

Das war im Jahr 1880. Da hatten sich aber die Buren aufgemacht und die Engländer einfach herausgeschmissen, wir Deutschen waren neugierig, was nun wohl würde. Sie hatten ja ihren Kontrakt mit den Buren einfach nicht gehalten, nun heraus. Der große englische Gauner[1] hatte erklärt, «solange die Sonne am Himmel steht, bleibt Transvaal englisch.» Na, nach langen Verhandlungen traten sie wirklich zurück, und Transvaal war frei. Aber dann kam die Rache, sie richteten eine Hungerblockade

---

[1] High Commissioner, Sir Garnet Wolseley.

ein. Kein Schiff mit Gütern kam. Der Boer konnte nichts verkaufen, er kriegte kein Geld, kein Mensch hatte Geld, nur wir deutschen Missionare, da wir unsern Gehalt ja von Deutschland kriegten. Wie lange dies Elend dauerte, weiß ich nicht mehr, da eines Tages fand ein Deutscher eine reiche Goldader in Johannesburg, und immer mehr wurden gefunden, da plötzlich war der liebe fromme Engländer wieder da und legte seine Hand auf alles, wie das ja seine Art ist, stehlen, betrügen, lügen und gängeln, das sind seine Hauptfächer. Na, da ging der alte Spektakel wieder los.

Nun muss ich noch erzählen, wenn in den Jahren ein Deutscher ins Ausland ging, wurde sein Name hier ausgestrichen, man war tot fürs Vaterland, damit hat die deutsche Regierung sich furchtbar ins Fleisch geschnitten, und sie hat unendlich viele Landeskinder verloren. Mein Mann, der ja 77 herausging, war tot und ich war tot. Und wenn man eine gewisse Zeit im Lande gewesen, ich habe vergessen wie lange, dann sollte man das dortige Bürgerrecht bekommen, und das war nun so weit. Das wollte England aber auf keinen Fall zugestehen, ich weiß nicht, wie lange der Deutsche erst im Lande sein musste, ehe er das Bürgerrecht bekam. Und da wurde mein Mann so ärgerlich und sagte: «Dann bin ich ja nichts, kein Afrikaner und kein Deutscher, und etwas will der Mensch doch sein.» Er setzte sich aufs Pferd und ritt zum deutschen Konsul nach Pretoria und erzählte ihm alles. Den Namen des Konsuls habe ich vergessen, es war ein sehr lieber freundlicher Mann, und wenn Vater nach Pretoria ritt, besuchte er ihn immer. Er stellte die Bitte, ob es nicht möglich wäre, dass er wieder «Reichsdeutscher» werden könnte. Er hätte 70 den Krieg mitgemacht und die Franzosen verkloppt, und er hätte Söhne und wenn es nochmal zum Kloppen käme, wollte er, dass die auch mitzögen. Der Konsul war sehr einverstanden damit und das Gesuch ging ab und er kam froh wieder nach Haus. Ich sagte ihm: «Auf Antwort brauchst du nicht zu rechnen, die stecken deinen Brief in den Papierkorb», aber er sagte: «Abwarten.» Und wirklich, nach 8 Wochen schickte der Konsul direkt einen reitenden Boten mit der Nachricht: «Mit tausend Freuden bewilligt!» Mein Mann sprang hoch vor Freude. Dies alles spielte sich so ab, wie ich es geschrieben, es gingen Jahre drüber hin.

1881

Einstweilen waren wir noch in Bethanien, im Juli wurde uns ein strammer prächtiger Junge geboren, der nach meinem Vater Wilhelm genannt wurde. Mein Bruder Werner wollte nun auch nicht in Rustenburg bleiben, es war ewiger Zank, er wollte lieber ins Kapland. Wir bekamen eine Station anzulegen, wir nannten die Station «Mahanaim». Als mein kleiner Junge getauft war und 14 Tage alt war, gings auf die Reise, mein Mann wollte erst allein ins Buschfeld und mit dem Häuptling sprechen, und ich sollte solange in Rustenburg bei Werner bleiben. Ich bin 6 Monate in Rustenburg gewesen, da kam Vater und holte mich und Werner ging ins Kapland. Ja, da musste ich mich erst an den Ochsenwagen gewöhnen, ich war ja entsetzt, und wie habe ich ihn geliebt. Der Weg nach der Station war großartig, ganz wunderschön. Über den Magaliesberg mussten wir fahren und dann kam der «Busch» (Wald), immer Busch, zu schön. Eine Nacht mussten wir unterwegs sein, ja das muss alles erst gelernt werden.

In Rustenburg hatte ich sehr lieben Verkehr, mit den Pastoren, Buren und Beamten, Kaufleuten, es war wirklich nett und wenn ich später mal nach Rustenburg kam, hatte ich viele Freunde dort.

Die Station lag zwischen Rustenburg und Zeerust, aber da wir in Zeerust fremd waren, machten wir die Einkäufe in Rustenburg, Zeerust kam erst später. Es war ein großer Volksstamm auf dem Platz «Grootfontein», dies Volk hatte den Platz gekauft, d.h. ein Missionar[1] hatte den Kauf besorgt, mit der Bedingung, dass ein Missionar dorthin käme, und das waren wir. Das Volk der «Batlokoa», d.h. «Erdschweine», so hieß der Stamm. Sie wohnten in einer sehr großen «Stadt», wo die Kaffern wohnen, nennt man «Stadt», und wo die Weißen wohnen, z.B. Rustenburg, Zeerust, Pretoria, das nennt man «Dorf», ob man es jetzt noch tut, weiß ich nicht, denn es ist manches Jahr her, seit ich da fort bin, und das alte Afrika hat sich inzwischen auch etwas entwickelt. Etwas weiter von der Stadt entfernt waren noch einige kleine Städte, und da wurde die Station in die Mitte gelegt, alle Städte gleich weit von der Station entfernt. Auf einer kleinen Anhöhe, auch etwas abseits von der großen Heerstraße, das war so schön. Mein Mann hatte

Bild 4: Das erste Haus in Mahanaim

---

[1] Zimmermann.

ein kleines Häuschen gebaut, wenn man hereinkam, trat man gleich in das Wohnzimmer (so wurden die Burenhäuser gebaut), an jeder Seite ein kleiner Raum, eins war unser Schlafzimmer und das andere Vaters Studierstube, wo aber auch ein Bett mit stand.

Es gab damals noch keine Wirtshäuser an der Straße und so mussten die Reisenden sich dann ein Unterkommen suchen. Und es war mir immer gesagt, wenn ein Reisender käme und bäte um ein Nachtquartier, wir es ihm geben müssten. Eines Abends kam ein Reiter und bat um Herberge. Nun war Vater gerade auf den Außendörfern für einige Tage, ich also ganz allein. Es wohnten auch noch keine Schwarzen auf der Station, ganz ganz allein. Ich kriegte solchen Schrecken, aber was sollte ich machen? Ich gab ihm das Bett in Vaters Stube, ließ mein Kindermädchen Letta mit in meiner Kammer schlafen und den Viehjungen auf der Veranda vor der Haustür, und dann befahl ich uns in Gottes Hut. Aber es ging alles gut, am andern Morgen ritt mein Gast weiter nach Zeerust, bedankte sich so herzlich für die freundliche Aufnahme. Als Vater nach Haus kam, erzählte ich es ihm, dachte noch er sollte mich «loben» von wegen meiner Tapferkeit, jawohl, schön was, ganz gehörige Schelte kriegte ich! Ich sagte : «Du und ihr alle habt mir doch immer gesagt, ich müsste die Gäste aufnehmen.» «Ja doch natürlich, wenn ich zu Haus bin, sonst nicht.» Na, nun wusste ich ja wieder Bescheid. Und denkt, nach 3 Wochen kommt dieser selbe Mann zurück von seiner Reise (Vater war aber zu Haus) und so sternbesoffen, dass, als er vom Pferd absteigen wollte, er herunterfiel und da lag. Denkt, dies wäre nun passiert, als Vater nicht da war, was hätte ich dann wohl anfangen sollen! Aber so gnädig hatte es Gott gefügt. Und da muss ich gleich noch etwas zufügen, das sich erst mehrere Jahre nachher zutrug. Ein deutscher Jude hatte bei der großen Stadt einen Laden errichtet und einen Mann da hineingestellt, «Clerk» nennt man sie, er war ein angenehmer junger Mann und er besuchte uns öfter nach Feierabend. Eines Tages kam er und brachte mir Grüße von seinem Vater, er hätte ihm erzählt, wie er mal bei uns übernachtet hätte, und ich sei sehr freundlich und gut zu ihm gewesen. Ich fragte den jungen Mann, wie denn sein Vater hieße, und denkt, da war es derselbe Mann, um den ich die tüchtigen Schelte gekriegt und der das andere Mal besoffen vom Pferde fiel!!

Na, nun richteten wir uns ein, unser Haus hatte noch keine Tür und keine Fenster. Abends wurden Decken davor gehängt, damit keine Schlangen hereinkommen konnten. Einige alte Burenhäuser standen noch da. Die Buren, die den Platz verkauft hatten, konnten da nicht bestehen, weil kein Wasser da wäre. Und dabei an so viel verschiedenen Stellen reiche Wasserquellen, der Platz hätte nur in tüchtige Hände fallen müssen, ein Deutscher hätte ihn kaufen müssen, aber der Bur ist sündenfaul. Na, ihre alten Baracken standen da, eine in unserer Nähe wurde zur Kirche und Schule hergerichtet, denn einige Leute hatten sich schon zum Taufunterricht gemeldet. Dann wollten die ersten Schwarzen auf die Station ziehen. Da musste das Dorf abgesteckt werden, dass sie sich nicht so dicht vor unsere Tür bauten. Etwas Land hatten wir vom Häuptling bekommen, nicht viel, aber für unsern Bedarf reichte es. Davon wurde was für den Garten abgenommen und der angelegt, Bäume gepflanzt und Gemüseland bepflanzt. Ach, es gab so viel Arbeit, und dann konnte man sich ja nicht verständigen, das musste auch noch kommen, die Sprache lernen. Jetzt ist es, glaube ich, anders. Die Bräute dürfen nicht eher heiraten als bis sie etwas die Sprache gelernt. Das ist sehr schön, aber zu unserer Zeit war es noch nicht, wir hatten ja überhaupt die «Pionier-Arbeit». Jetzt ist alles fertig. Ach, es hat mir so unendlich viel Freude gemacht, dies alles so aus dem Sande herauswühlen, es ist meine glücklichste Zeit gewesen. Wenn eine Station angelegt wurde, zahlte die Mission £30 (600 M), es war ja nur ein Tropfen. Aber der Sup. Hohls aus Natal schrieb uns, es wäre augenblicklich kein Geld da, wir brauchten uns ja auch keinen «Palast» zu bauen, auch einen Wagen könnten wir nicht kriegen, also nichts, gar nichts. Na, Vater war schön ärgerlich, aber er hat bei Hohls nie wieder um etwas gebeten. Alles, wie es da stand, ist aus unserer Tasche gekommen und das freut mich heute noch. Aber langsam ging die Arbeit, Vater hatte doch auch die Missionsarbeit und musste viel umher, aber der Häuptling «Bogatschu» war freundlich und schickte öfter Leute zum Helfen, z.B. Steine backen.

Ach, und diese Schlangen. Vater hatte einen tüchtigen Hund angeschafft, der passte gut auf. Eines Abends saßen wir bei herrlichem Mondenschein auf den Stufen der Veranda (die war auch noch nicht fertig) und erzählten uns von der Heimat. Auf einmal gibt er mir einen Schubs und ich stürze da hinten hin. Als ich mich aufgerappelt habe und ihn gerade fragen will, ob er denn übergeschnappt wäre, da haut er mit einem Knüppel auf einer ganz großen Schlange herum. Hätte er es mir gesagt, hätte ich doch geschrien und sie wäre weggekommen. Nun war sie tot und der Hund kam, er wurde auf Schlangen abgerichtet, damit er sie richtig packen lernte.

Kochen musste ich draußen, und es war nicht immer schön.

Einmal hätte ich beinah gebrannt. Der Wind wehte das Feuer so furchtbar, dass ich nicht wusste, wohin. Da baute Vater mir eine kleine Küche mit einem offenen Herd und unter dem Herd einen kleinen Backofen, wo gerade 2 kleine Brote hineinpassten, o wie war das schön. So kam eins nach dem andern. Und was hatten wir für Pläne mit der Station. Oben auf dem Hügel sollte die Kirche gebaut werden, sie steht da auch. Und vom Pfarrhause nach der Kirche sollte ein hübscher breiter Weg angelegt werden, mit Bäumen eingefasst, z.B. Pfefferbäume, aber das kostete viel Arbeit später. Dann wurden Bäume angepflanzt, «Eukalübdus» (Gummibäume) gegen Malaria, eine ganze Menge, auch unten am Wasser und «Bläckwortel»[1], aber es war schwer. Der Boden war steinig, da mussten erst die Steine herausgeholt werden und dann gute Erde hineingeworfen werden und dann pflanzen und dann fortwährend Wasser tragen und gießen und wenn die kleinen Pflanzen wuchsen, dann gingen sie auf einmal tot, und wenn wir nachsahen, hatten die Ameisen die Wurzeln abgefressen. 0 diese Ameisen, es ist eine richtige Plage, das kennt man hier in Deutschland nicht. Und so verschiedene Sorten, rote und schwarze, kleine und große, die «Grasträger» sind richtig lang und haben einen Kopf wie eine Erbse so dick. Sie klettern ins Grasdach und fressen da alles kaputt und wenn man im Bett liegt, fallen sie über einen her, dass man die halbe Nacht mit ihnen kämpfen muss. Nein es ist nicht leicht, eine «Station» anlegen, alles aus dem Sand herausholen und doch ist es meine glücklichste Zeit gewesen, ich kann in meinem Alter nur mit Dank und Freude dran zurückdenken. Es war so die «Pionierarbeit», die wir leisteten. Jetzt ist ja alles anders, es ist wie in Europa, alles kann man kaufen und man hat Handwerker, während wir alles selbst machen mussten. Und da kam es uns sehr zu Statten, dass mein lieber Mann so geschickt war, er konnte aus Kisten und Deckeln so nette

---

[1] Blackwattle, ein Art Akazien (Acacia decurrens) aus Australien.

Sachen machen, obgleich er kein gelernter Handwerker war. Unser Haus war <u>so</u> nett und hübsch, natürlich nicht elegant, das schadet auch nichts, man braucht sehr wenig, um glücklich zu sein.

Und was man alles lernen musste. Es gab an den Straßen keine kleinen Gasthäuser (Hotels) so wie jetzt, wenn ein Reisender kam und um Unterkunft für 1 Nacht bat, musste man sie ihm geben. Das hatte mein Mann mir gesagt und unsere Buren-Nachbarn auch. Eines Tages war Vater nach dem Filial, ich war allein zu Haus, da kam gegen Abend ein anständiger Herr und fragte, ob er übernachten könnte. Ich sagte natürlich ja, aber ich kriegte einen furchtbaren Schrecken, denn ich war mutterseelenallein mit meinem kleinen 6 Monatskind und dem Kindermädchen, und es wohnte noch kein Schwarzer auf der Station. Ja, was war zu machen. Ich machte in meines Mannes Stube ein Lager für ihn, und das Mädchen, die sonst abends nach der Stadt ging, musste mit in meiner Kammer schlafen, und der Viehjunge, der sonst auch nach Hause ging, vor der Haustür auf der Veranda mit dem Hund zusammen liegen.

Aber es passierte nichts, morgens als er Kaffee getrunken, ritt er weg. Als mein Mann wiederkam, erzählte ich es ihm und da wurde er sehr böse, ich dürfte nie einen Fremden beherbergen, wenn er nicht zu Haus. Ich sagte, dass er und Frau Rusch mir gerade gesagt, ich müsste jeden Fremden aufnehmen. «Ja doch selbstverständlich nur, wenn ich zu Haus bin.» So nun wusste ich Bescheid. Nach 4 Wochen etwa kam wieder einer vorgeritten, (da war mein Mann aber zu Haus) und er war so sternbesoffen, dass er vom Pferde stürzte. Ich sagte ganz entsetzt: «Das ist ja der Mann, der hier übernachtet hat!» Denk, er wäre so besoffen gekommen, als ich allein war, was hätte ich dann bloß anfangen sollen! Na, er setzte sich dann auf die Veranda und ritt dann weg. Und das muss ich gleich noch sagen, nach vielen Jahren, als die Station schon viele Leute hier hatte und ein Jude hatte bei der Stadt einen Laden aufgemacht, wo man alles kaufen konnte, da kam eines Tages der junge «Clerk» (Ladendiener) herauf zur Station, es war ein netter Engländer und er besuchte uns öfter. Da sagte er, er sollte mir ganz herzliche Grüße von seinem Vater bestellen. Ich sagte: «Kenne ich denn Ihren Vater?» Ja, er hätte hier vor Jahren mal übernachtet und er könnte nie vergessen, wie nett und freundlich ich zu ihm gewesen. Und da war es derselbe Mann, der hier übernachtet, als ich allein war, und der dann betrunken kam. Aber dies freute mich nun doch, und mit dem Sohn freundeten wir uns an, solange er bei der Stadt war.

Was haben wir für Kunden beherbergt. Aber es wurde ja auch langsam besser, wir kriegten einen Wagen und da musste ein Wagenhaus gebaut werden, da kam der Pferdestall mit dran, und ein Raum, wo mein Mann eine kleine Hobelbank hatte und die Ackergeräte kamen da herein, und dann noch eine kleine Kammer für solche Gäste, und es wohnten viele Schwarze auf der Station, und wenn solch ein «Rundläufer» kam, ließ ich ihn auf der Veranda sitzen, und dann kam der Schulmeister, so wie von ungefähr, und setzte sich auch auf die Veranda bis der Kerl, wenn er gegessen und getrunken hatte, wieder von dannen zog, aber dies alles kam erst im Laufe der Jahre.

Es gab viel Arbeit, aber alles gedieh und man kam weiter, auch die Gemeinde wuchs, da gab es auch Arbeit, mehr als genug, aber wir standen gut mit dem Häuptling, der uns öfter besuchte, und die Frauen aus der Gemeinde, die getauft waren, halfen mir, wenn ich festsaß, so machte sich das schon.

1885

Einmal hatten wir ein komisches Erlebnis. Es war kurz vorher, ehe unser 3. Kind geboren wurde. Ich hatte den Sonnabend tüchtig rein gemacht, alles war blank, denn ich dachte, ich kann sterben, dann ist alles in Ordnung. Es war im April, wo der Winter vor der Tür ist. Im Garten war noch nichts, geschlachtet war auch noch nicht, kurz es fehlte an allem. Wir hatten noch Brot bis Montag, dann wollte ich backen und morgen, Sonntag, schickte der Bauer Nolte mir Butter, die ich immer daher bekam. Nun war es Abend, die Kinder schliefen, mein Mann war in seinem Zimmer, und ich hatte mich so behaglich in meinen Schaukelstuhl gesetzt, denn ich war ehrlich müde. Auf einmal klappt eine Peitsche. Ich schrie laut auf, aber Vater sagte: «Ängstige dich man nicht, da fährt eben noch ein Wagen.» Die Heerstraße ging gleich hinter dem Wagenhaus. Plötzlich heißt es: «Ahnou»[1] (brr) und gleich darauf klopft es an die Tür. «Herein» und da kommt Ernst Wehrmann, der Sohn von Missionar Wehrmann. Er sagte, seine Mutter und Tante machten eine Reise nach Pretoria, ob sie hier ausspannen und morgen über hier bleiben könnten, ja natürlich. Sie hatten nicht weit von uns gegessen und waren schon alle zu Bett, es waren - 11 Personen. Mir stand das Herz still vor Schrecken und ich dachte an mein bisschen Brot und dann ging ich nach der Küche und stellte Sauerteig an, damit ich morgen früh gleich etwas Brot backen konnte, und dann ging ich zu Bett. Am andern Morgen war ich früh in der Küche und

---

[1] Aanhou auf Afrikaans : «festhalten».

backte mein Brot. Dann kam Sina, die den Wagen gesehen hatte und wollte Mais stampfen. Ach, und ich wusste immer noch nicht, wie ich die vielen Menschen satt kriegen sollte. Dann deckte ich den Kaffeetisch, erst für die Gäste, die Kinder mussten nachessen. Da kam Frau Wehrmann mit einem großen Brot und einer großen Butterbolle herein und stellte es auf den Tisch und wie war ich froh, und wie gut schmeckte der Kaffee. Dann ging ich wieder nach der Küche, steckte mein Brot in den Ofen und dachte mit Angst an den Mittag. Plötzlich klappt eine Peitsche. 0 Schreck, ich stürze heraus, da kommt ein Wagen von der Rustenburger Seite und wie ich recht gucke, ist es unser Nachbar, der deutsche Kaufmann Schröder aus Pella, die eine Reise nach Pretoria gemacht und nun zurückkommen. Als Schröder mich sah, hielt er mir hoch eine Handvoll «Perlhühner» entgegen, ich klappte vor Freude in die Hände und Sina rannte und holte sie, es waren 5 herrliche, und sie fing gleich an zu rupfen, nun hatte ich keine Angst mehr. Der Gottesdienst fing an und als der zu Ende war, war unser Essen auch fertig, 4 Hühner für uns und 1 für die Leute. Wir hatten dann einen gemütlichen Nachmittag, gegen Abend fuhren Schröders weg, und Wehrmanns am andern Morgen und ich konnte Frau W. gleich ein frisches Brot mitgeben.

Nun muss ich noch was Komisches erzählen, das hierzu gehört, aber es passierte erst im Winter, als wir zum Missionsfest nach Saron fuhren. Ich fragte Tante Penzhorn: «Als Wehrmanns so unverhofft kamen, was fingst du an? «O,» sagte sie, „ich hatte ja nichts, nur Mais, aber ich hatte kleine Schweine, da ließ ich gleich eins schlachten.» Wir lachten ganz tüchtig. Dann fragte ich Tante Wenhold in Kana dasselbe. Sie sagte: «Ich hatte nichts, aber Vater war in Pretoria und wenn er wiederkam, sollte ein Schaf geschlachtet werden. Das hatte ich schon holen lassen, und das wurde nun geschlachtet, so hatten wir doch Fleisch.» Dann erzählte ich ihnen, wie es mir ergangen und wir lachten ganz tüchtig. In Berseba wird sich wohl dasselbe abgespielt haben. Als sie nach 4 Wochen zurückkamen, war ein kleiner Junge Winfried angekommen, und wir hatten geschlachtet und im Garten war Gemüse, da war alles tipp topp.

Ja, und um Perlhühner hatten wir noch unsern lieben ältesten Jungen beinah verloren, er war 4 Jahr alt. Wir saßen nachmittags beim Kaffee, da schrien ganz nahe die Perlhühner. Wenn das Kafferkorn schöne Körner hat, kommen sie aus dem Buschfeld und gehen in die Länder und tun sich gütlich. Und da sprang unser Papa auf und sagte: «ich will uns schnell ein paar Hühner schießen» und der Hund sprang auf und Willi auch, aber Papa sagte: «Du bleibst hier,» und er ging weg. Nach einer kleinen Weile hörten wir den Schuss und wir gingen alle auf die Veranda, und dann hörten wir seine Schritte. Da war ein großer Busch dicht beim Hause und da kam er herum und hatte 7 Hühner geschossen. Große Freude. Dann ging alles wieder an die Arbeit. Abends um 7 kam die Milch vom Kraal, und dann kriegten die Kinder gleich 1 Becher voll frischer Milch. Elli kriegte ihn und ich guckte mich nach Willi um, aber der war nicht da, ich rief und rief, aber da kam nichts. Ich rief nach dem Garten, wo Papa war: «Ist Willi bei dir?» «Nein», ich rief ins Dorf, nein da war er auch nicht. Da kriegten wir es mit der Angst, und alles rief und suchte, aber nichts zu finden, da kam ein kleiner Kaffer aus dem Busch, der sein Vieh in den Kraal gebracht, der sagte, er hätte Willi und den kleinen Hund da hinten gesehen. Als sein Papa mit den Hühnern kam und wir seine Schritte hörten, da ist er ihm wohl entgegengelaufen, aber an der andern Seite vom Busch, so sind sie aneinander vorbei. Da ritt Papa zur Stadt und bat den Häuptling um einige Leute, mitzusuchen, und er schickte alle Männer los. 0 war das ein Geschrei. Ellichen hatte mich am Rock gefasst und meinen kleinen 3 Monats Jungen Winfried hatte ich auf dem Arm und so gingen wir immer herum und riefen. Es wurde dunkel und eine dunkle Wolke stand am Himmel, o diese Angst, die ich hatte, dass das Kind in ein Ameisenloch fiel, und würde dann lebendig von den Ameisen gefressen! Es war gegen 12 nachts, da ertönte ein besonderer Schrei, der hieß: «Hier ist er» und dann war alles still. Ich ging ins Haus und legte meine beiden Kleinen so man aufs Bett, dann hörte ich die Schritte immer näher kommen und da kam Papa und hatte seinen Jungen auf dem Rücken und dann gab er ihn mir. Ach, und das Kind klammerte sich so so fest an mich und wir beide weinten ganz fürchterlich. Die Leute hatten ihn etwa drei Viertelstunden entfernt am Fluss Tulana gefunden. Er hatte da hinten ein Licht gesehen und dachte, es wäre unser Haus, und ging darauf zu und kam an den Fluss, da sah er, dass er verkehrt war. Dann ging er wieder zurück und schrapte Gras zusammen und wollte da schlafen, da fanden ihn die Männer. Der kleine Hund war immer bei ihm. Mit herzlichen Dankesworten entließ mein Mann die Leute, und mein kleiner Junge schlief auch bald ein, aber mein Mann und ich konnten keinen Schlaf finden, das Herz war zu voll.

Am andern Morgen erzählte der Junge dann alles, es war richtig so, er war an der andern Seite vom Busch gegangen. Dann kletterte er auf meinen Schoß und sagte: «Mama, wenn ich nun nochmal weglaufe (er war 4- Jahre alt!), wirst du dann wieder weinen?» Da dachte ich: «Ja, jetzt muss ich dir anders kommen,» und ich sagte: «Ich und weinen. Dann geh ich in den Garten und breche die dickste Quittenlatte, und dann kriegst du so viel Prügel, dass du nicht sitzen kannst, wenn du noch ein Wort von weglaufen sagst.» Er guckte mich ganz entsetzt an, und dachte wohl: «So eine ist meine Mutter!!!!» Aber die Angst habe ich jahrelang mit mir herumgetragen. Am andern Tag kam der Häuptling und hielt ihm auch noch eine gehörige Standrede.

Am Magaliesberg war auf einer Farm «Morgensonne» eine Schule. Die Kinder von Transvaal, d.h. die deutschen Missionarskinder, mussten nach Natal, nach Hermannsburg zur deutschen Schule. Die Reise nach dort nahm 3 – 4 Wochen mit dem Wagen, so konnten die Kinder nie in den Ferien nach Haus kommen. Da kauften die Brüder in Transvaal diesen Platz und richteten eine Schule für die Kinder dort ein. Der erste Lehrer war aus Hessen gerufen, aber das klappte nicht, er prügelte nur. Der dann kam, haperte auch, und dann baten sie meinen Mann, die Stelle doch anzunehmen. Aber da es noch nicht von der Leitung angenommen war, lehnte er ab, denn dann müsste er ja aus der Mission austreten. Nach langen Verhandlungen mit der Leitung in Deutschland übernahm die Mission die Schule und mein Mann wurde dorthin versetzt. Er ließ sich vom Superintendenten aber das Versprechen geben, falls er die Arbeit nicht schaffen könnte, er litt sehr an Kopfweh, dass er dann seine alte Station Mahanaim wiederbekäme, und nicht noch einmal eine anlegen müsste. Und dann zogen wir nach Morgensonne, ich hatte solche Angst davor, denn einen solchen Betrieb hatte ich nie gehabt. Aber alle redeten mir Mut ein, ich hätte 2 schwarze Mädchen und eine weiße Haustochter. Die Kaffern, die das Land bearbeiteten und Holz kaputt machten, kamen von Saron, die Station lag dicht bei Morgensonne. Es war einfach trostlos dort. Ich glaube 9 Kinder waren da, nun kamen noch einige von unsern Missionarskindern dazu, dass wir wohl so mit 13 oder 14 Kindern anfingen. Dann hatte mein Mann gleich Krach mit den Vätern. Er wollte einen tüchtigen Lehrer fürs Englische dazu haben und das wollten sie nicht, der musste zuviel Gehalt haben. Ja, aber allein könnte er die Schule nicht hochbringen, ach das ginge schon, da fände sich schon was, kurz es war erbärmlich. Da schickte Missionar Zimmermann von Rustenburg einen Tomsen, der war aus der «Fremdenlegion» bei Frankreich ausgekniffen und suchte nun Arbeit. Aber er war so frech gegen meine Haustochter, dass wir ihn gehen lassen mussten.

Dann kamen mehrere von unsern erwachsenen Missionskindern, 16 - 18jährig, die noch Unterricht bei meinem Mann hatten, und die sollten dann den Kleinen mit Stunde geben. Dann schickte Zimmermann mal 2 Lehrer, just dasselbe, da wurde mein Mann ärgerlich und sagte: «Entweder es kommt ein ordentlicher englischer Lehrer, oder ich gehe wieder zurück zur Station.» Na da wurde einer von der Hochschule Stellenbosch hergerufen und ein furchtbar netter und lieber Mann kam, Herr Le Riche.

1887

Da kam ein anderer Ton in die Schule und einige Buren schickten auch ihre Kinder. Und ich hatte den Großen mal erzählt, wie wir meinen kleinen Willi verloren hatten, und ich bat die Großen, doch ein bisschen Acht mit auf ihn zu haben, und das haben sie auch redlich getan, er war 6 Jahr alt.

Eines Tages, als ich gerade mein Zimmer rein machte, kam ein Herr, dem man ansah, dass er was Besseres war, er fragte nach Mr. Wickert. Ich sagte, der wäre in der Schule, ob ich ihn rufen sollte. Nein er wollte hingehen, er wäre der

«Superintendent van Onderwys»[1], also sehr was Hohes. Ich brachte ihn zur Schule und klopfte an, da kam mein Mann heraus, und dann gingen sie hinein. In der Frühstückspause kamen sie in mein Zimmer und dann ging er wieder mit in die Schule. Mittag aß er bei uns, wieder mit in die Schule bis zu Ende. Da kam er zu mir und sagte, nun müsste er mal mit mir sprechen. Es hätte ihm hier <u>so</u> gut gefallen und ich hätte ihm so gefallen, nun hätte er eine Bitte. Er hätte 2 junge Söhne, ob er die hierher bringen könnte und ob ich Mutterstelle an ihnen vertreten wollte. Ja das wollte ich sehr gern, und da kamen die kleinen du

Bild 5: Die Schule in Morgensonne. Rechts: Adam Wickert, links daneben seine Frau Elisabeth. Hypothese: Wenn man annimmt, dass das kleine Mädchen auf Adams Schoß Emma ist, dann könnte das Kind auf Elisabeths Schoß Walter sein und das Bild könnte aus dem Jahr 1888 stammen.

---

[1] Unterrichtsminister.

Toits an[1]. Und von da an «hagelte» es man so Kinder (beinah könnte ich so sagen, so schnell ging es), hohe Beamtensöhne aus Pretoria, aus Johannesburg, überall her, sogar 2 Enkelkinder vom Präsidenten Paul Krüger, «Oom Paul», kurz in ganz kurzer Zeit hatten wir 60 Kinder, da war es ein richtiger Betrieb und alles ging gut 3 Jahre, oder 4, ich weiß nicht mehr genau. Da musste Le Riche weg, er bekam eine Staatsanstellung, die durfte er nicht ausschlagen. Und da ging die alte Geschichte wieder los. Es sollte kein Lehrer wieder kommen, von den großen Missionarssöhnen sollten welche mit unterrichten.

Nun war in Kroondal eine Kirche für die deutsche Gemeinde gebaut, und mein Mann sagte, wo die Kirche ist, muss auch die Schule sein, aber das wollte auch nicht so recht klappen. Als nun in Morgensonne wieder der Spektakel losging, da kündigte mein Mann, und wir zogen wieder nach unserm lieben alten Mahanaim und ein Missionar Schindler wurde unser Nachfolger in Morgensonne. Na, es dauerte nicht lange, da verfiel die Schule und schließlich kam es denn soweit, dass die Schule nach Kroondal kam, wo sie jetzt noch ist. Aber die Zeiten haben sich geändert, es sind tüchtige deutsche Lehrer dort und die Schule hat einen guten Ruf.

Hier in Deutschland hatte sich auch manches geändert, der Missionsdirektor Th. Harms war gestorben und an seine Stelle kam sein Sohn Egmont und Pastor Haccius. Sie kamen auch beide zur Visitation nach Afrika, als wir noch in Morgensonne waren.

---

[1] Jakob Daniël du Toit (1877-1953) wurde später der bekannte afrikaanse Dichter Totius.

Von Morgensonne muss ich noch erzählen. Es lag ganz wunderhübsch am Fuß des Magaliesberges. Tiefe Schluchten waren da, und kleine Bäche die vom Berge kamen. Diese liefen alle in einen kleinen Damm, der nicht weit vom Hause war, da wurde gewaschen und das Land mit gewässert. Halb den Berg hinauf war eine Quelle, sie hieß «Kleimans Pit», ein ganz reizender Platz. Hier war immer am Geburtstag der Hauseltern ein Picknick, gleich nach dem Kaffee morgens gings los. Den ganzen Tag waren wir oben. Mittag wurde da gegessen, es war eine gehörige Arbeit, hierfür die Vorbereitungen zu

treffen, und nachmittags Kaffee getrunken und feste Kuchen gegessen und zum Abendbrot waren wir dann alle wieder unten. Dies Picknick machten die Herren von Deutschland auch mit und es hat ihnen soviel Spaß gemacht. Ach, und die Affen oben auf dem Berg. Manchmal fiel eine ganze Schar in die Felder, stahlen Mais, Pampunen[1] und dann die ganze Schule mit Peitschen und Klappern hinter ihnen her, und sie flüchteten und ließen dann alles fallen was sie gestohlen hatten, nur ihre Kinder retteten sie, und dann standen sie oben auf dem Berge und schimpften, drohten mit den Fäusten, und unten im Land standen die Jungen und zeigten ihnen die Fäuste und spotteten, es war zum Lachen, und dann schleppten sie all das gestohlene Kram zu den Schweinen.

Ja, das war unser altes Morgensonne.

---

[1] Kürbis.

1891-1893

Wir nahmen unsere Kinder Winfried und Walter weg von Morgensonne und ein junger holländischer Lehrer van Hoek kam zu uns und unterrichtete. Dann kam unser ältester Sohn nach Deutschland in Celle auf die Schule. Im Jahr 1893 war ich zum Besuch in Deutschland, ich brachte unser ältestes Töchterchen Elli auch dort zur Schule, sie kam nach Flensburg in eine Pension, die zur Diakonissenanstalt gehörte und da die Oberin dort meine Schulfreundin war, wollte sie Elli gern dorthin haben.

Da sah ich meine liebe, liebe Mutter auch noch einmal. Sie war gänzlich gelähmt, konnte kein Glied bewegen, nicht den Kopf drehen, nichts, wie so'n Klotz, wie man sie hinsetzte, saß sie. Mir stand das Herz fast still vor Schrecken. Aber immer ihr heiteres sonniges Wesen. Ich hatte unser jüngstes Kind, Hermann, mitgenommen, er war 1 ½ Jahr, damit sie doch auch mal ein kleines Kind von uns sähe. Da hatte sie ihre Freude dran, es war zu niedlich. Mutter und meine Schwester Auguste wohnten zusammen und mein ältester Sohn Willi wohnte auch bei ihnen. Wir hatten einen furchtbar netten Sommer, waren auch 4 Wochen in Hessen bei den Schwiegereltern, und im Herbst brachte ich Elli nach Flensburg.

Bild 6: Elisabeth mit drei ihrer Kinder in Celle, von links nach rechts: Elli, Hermann und Willi

Im November reiste ich wieder zurück nach Afrika. Und als ich in Kapstadt ankam und sah das Gewimmel von Schwarzen, Gelben und Braunen und Weißen, da dachte ich: «Gottlob, nun bist du wieder zu Haus.» Denselben Abend konnten wir mit der Bahn noch abfahren nach Johannesburg, wo mein Mann uns abholte mit den Kindern. Die Kinder waren außerhalb Johannesburg beim Ochsenwagen geblieben und sie spielten da, als wir kamen. Da sah der Treiber uns und sagte es ihnen, da kamen sie angestürzt. Auf einmal blieben sie stehen, steckten den Finger in den Mund, ganz verlegen, sicher dachten sie: «Ist das unsere Mama?» Ich hockte auf die Erde und breitete die Arme aus, da kamen sie angestürzt mit lautem Weinen in meine Arme, ach, war das eine Freude, als ich alle meine Lieben wieder hatte.

Der kleine Hermann war jetzt 2 Jahr, hatte Schuh und Strümpfe an, die andern Jungens waren barfuß. Hermann guckte immer nach seinen Füßen und dann nach den Jungens ihren Füßen. Plötzlich setzt er sich auf die Erde und zieht Schuh und Strümpfe aus. Nun ist im Sommer die Erde dort so heiß und so hart, dass nur die darauf barfuß gehen können, die schon so'ne Art Leder unter ihren Füssen haben, das hatten die Jungen, aber nicht Hermann. Plötzlich fing er fürchterlich an zu schreien, setzte sich auf die Erde und schrie immer: «Füße weh.» Na da zog sein Papa ihm denn die Schuhe wieder an. Aber er probierte es alle Tage, und als wir in Mahanaim ankamen, konnte er es schon ganz schön.

1895

Im Jahr 1895 blieb zum ersten Mal der «Landregen» aus. Januar und Februar muss es unaufhörlich regnen. Nachmittags hört es ein paar Stunden auf, aber dann mit frischen Kräften wieder los. Dann wurden die Flüsse und alle Quellen voll, und man hatte das ganze Jahr Wasser fürs Land. Es war merkwürdig, bis jetzt war alles gut gegangen, die Ernte immer zur rechten Zeit eingebracht, der Regen zur rechten Zeit, immer Wasser genug. Nun kam der Umschlag.

Dies Jahr war schon ganz anders als sonst, aber es ging doch noch.

1896

1896 kam die Rinderpest, sie hatte 2 Jahr gebraucht, ehe sie von Nordafrika nach uns kam. Die Grenzen wurden abgesperrt, aber die Kaffern warfen das Fleisch oder Knochen von dem verreckten Vieh über die Grenze und so kam sie auch nach Transvaal, erst ins Buschfeld, wo wir ja wohnten. Immer näher, immer näher. Ich bat meinen Mann, doch 1 oder 2 Ochsen zu schlachten, dass wir doch Fleisch für die Leute hätten. Erst wollte er nicht, aber schließlich wurde doch ein großes, fettes Tier geschlachtet und das Fleisch zum Trocknen auf die Veranda gehängt. Ich war mit mehreren Frauen beim Pfirsichtrocknen und - schälen, wir saßen vor der Tür unter den Bäumen. Die schon fast trocknen Pfirsiche standen auf Stellagen am Wege nach dem Garten so recht in der Sonne. Mein Mann ging nach dem Garten und im Vorbeigehen sah er nach den

Pfirsichen. Auf einmal blieb er stehen und rief mich. Als ich hinkomme, sind die ganzen Pfirsiche schwarz von fürchterlichen Brummern, die ich noch nie gesehn hatte. «Das ist die Pest», sagte mein Mann. Ich schrie laut auf. Dann guckten wir nach denen, wo die Frauen noch dran arbeiteten, alles schwarz. Dann wurden die ganzen Pfirsiche in den Schweine-Hock geschüttet. Ein ganz bisschen hatte ich schon trocken im Beutel, das war meine ganze Ernte. Wir gingen ins Haus, und das ganze Fleisch auf der Veranda schwarz von diesen Brummern. Alles wurde heruntergerissen, gesäubert und dann in Beutel gesteckt und in den Rondabel gebracht, da hatten die Kaffern doch ihr Fleisch.

Am andern Morgen lagen ich weiß nicht wie viel tot im Kraal, sie wurden eingegraben. Am nächsten Morgen wieder und so jeden Tag, schließlich war noch 1 Kuh mit dem Kalb da und ich bat immer: «Herr lass mir doch diese eine Kuh,» aber eines Morgens lag sie auch tot, ihr Kalb war so kahl, als wenn es rasiert wäre. Ich sagte zu Jakob: «Mach das Kalb tot, es ist zu schrecklich,» er sagte: «Nein, das wird ein staatscher Bulle, der kommt durch», und richtig, so wurde es auch. Aber nun ging das Elend los, mein kleines Emmchen (3 Jahr) schrie immer nach ihrer «Milla» und da war keine, Gustchen (1 Jahr) nährte ich noch. Schließlich sagte Winfried: «Ich kann dies Weinen nicht mehr aushalten, ich melke jetzt meine Hessi.» Er hatte eine Eselin, die hieß Hessi, und der Herr Esel hieß Jakob und die Tochter hieß Minka. Also er los nach der Weide und kriegte auch so'n bisschen. Da kam er zurück, und hielt den Eimer so vor sich: «Was ich wohl habe» ? Emmchen: «Schöne Milla» und dann trank sie alles aus - dies Gück. Nun wurde Minka von der Mutter getrennt, sonst trank die ja alles, und da ging es ein paar Tage gut, da wollte das Unglück, dass Emmche eines Morgens, als die Jungen zum Melken gingen, hinterher tüffelte und sah nun, dass Hessi gemolken wurde. Da war sie entsetzt, «keine Hessi Milla siss» (unser igittigitt), keine Macht konnte sie bewegen zu trinken, da ging das Geschrei wieder los. Das hatte wohl Missionar Lohann, der eine Tagereise von uns wohnte, gehört, er schickte 2 Ziegen und einen Bock. Na, nun war die Freude groß und wir alle konnten auch wieder Milch zum Kaffee trinken. Da verkauften die Buren, wo die Pest noch nicht gewesen, viel Vieh, für ein paar Schillinge. Da kauften wir 1 Kuh mit Kalb für 5 Schillinge, wenn sie tot ging, wurden wir noch nicht arm davon, aber wirklich, sie blieb leben und war eine ganz prachtvolle Milchkuh, und unser kleiner Bulle machte sich auch so tüchtig heraus, das war der Anfang vom neuen Viehbestand, ich glaube so um 70 waren tot. Und dann ließ die Regierung Esel von Madagaskar kommen, da konnte, wer wollte, 10 Esel bekommen, damit das Land doch bestellt wurde.

1897

1897 kam das Sterben unter die Menschen, es war auch eine Art Pest, denn das Wasser war vergiftet, das kranke Vieh durfte kein Wasser, aber es suchte immer Wasser und wenn es dann an der Schlothe getrunken hatte, verreckte es.

Und ich glaube bestimmt, das Wasser war vergiftet, und wenn es auch gekocht und filtriert wurde, es war doch ungesund. Die Menschen starben wie die Fliegen, die Regierung schickte Ärzte zu den Leuten, aber es half alles nichts.

Unsere Kinder waren auch alle krank, aber Gott Lob, keines ist gestorben.

September 1939

Mein Schreiben hat lange geruht. Es kam so viel dazwischen, dass an Schreiben nicht zu denken war, und nun haben wir Krieg. Ja, was nun aus uns wird, ich weiß es nicht, nur Gott allein, und wir können Ihn nur bitten, dass Er uns gnädig sei und Seine Hand über uns halten möge. Der ganze Urheber von all diesem Elend ist das scheinheilige, verlogene England. Es kann nicht leben, ohne zu stänkern und Unfrieden unter die Völker zu säen.

Aber ich hoffe, dass dies seine letzte Schandtat ist, denn die ganze Welt kennt es jetzt und keiner will mit ihm was zu tun haben. Nur das dumme Frankreich hat es noch an der Leine, aber mit Frankreich ist auch nicht viel los. Mit Polen sind wir nun bald fertig, wir holen uns unser altes Land wieder, und dann bleibt es hoffentlich bei uns. Unser Heer leistet Großartiges, die ganze Welt staunt, und hätte dies verrückte England sich still gehalten, hätten wir Frieden gehabt. Na, ich hoffe, dass es seine Dresche kriegt, und die armen, einfach geraubten Staaten ihre Selbständigkeit wieder kriegen.

Sie, die Engländer, haben scheußliche Angst, sie holen jetzt von allen Seiten ihre Hilfstruppen, z.B. indische Truppen, Kanadier, Australier, denn England selbst ist nichts und kann nichts, hat nur das große Maul und die andern müssen für sie die Kastanien aus dem Feuer holen, und dann haben sie das große Wort. Unsere Truppen gehen mit

Riesenschritten vor in Polen, überall siegen sie, und die Polen flüchten nach allen Richtungen. Erst hatten sie das große Wort, die deutschen Soldaten könnten ja nichts, wären verweichlicht und was noch alles. Aber sie, die Polen, sie wären «Titanen» und wollten es den Deutschen schon beibringen und sie wollten den Frieden in Berlin diktieren. Ja und da waren die armen Deutschen auf einmal da und verhauten sie ganz gottserbärmlich und jetzt flüchten sie, was sie man können. Hoffentlich geht's nun bald zu Ende. Und wir sind so abgesperrt von allen Ländern, wo England was zu tun hat. Von meinen lieben Kindern in Südafrika höre ich nichts, ich kann nicht schreiben und sie nicht, wir können uns nur gegenseitig unserm starken Herrn ans Herz legen und füreinander beten. Unsere Männer sind ja alle weg, und jetzt ist die Kartoffelernte in Gang. Die armen Frauen haben es nicht leicht, aber die städtischen Schulen werden aufs Land geschickt, zu helfen, so geht es schön. Unsere Kornernte und Heuernte waren sehr gut und jetzt die Kartoffeln auch, das ist viel wert und wir können nicht dankbar genug sein, denn die vielen Gefangenen und Flüchtlinge wollen auch leben, aber es klappt alles, wir haben uns schon jahrelang auf solche Katastrophe vorbereitet, und alles ist ganz großartig organisiert, alles bekommen wir auf Marken, nicht übermäßig, aber gerade genug, England will ja eine Hungerblockade gegen uns einrichten, darüber lachen wir, wir haben genug.

Oktober 1939

Es ist noch immer dasselbe, der Krieg dauert fort. Polen ist ja gänzlich erledigt, und der Führer, Adolf Hitler, bietet immer wieder die Hand zum Frieden, aber dies verrückte

England will und will nicht, ebenso Frankreich. Ernst Seebass sagt, «sie sind vom Teufel besessen», ja, das ist auch so. England sagt, sie wollen nicht gegen das deutsche Volk kämpfen, aber sie wollen den «Hitlerismus» austilgen. Was geht sie denn der «Hitlerismus» an? Das ist doch Deutschland, denn der Führer und Volk stehen unverbrüchlich fest zusammen und was wir in Deutschland tun, geht doch England nichts an. Aber das ist ihre Weise, überall in andere Länder ihre Nase stecken und es regieren wollen! Und keine Neutralität, kein Völkerrecht achten sie und lassen es gelten, überall rauben und stehlen sie. Na, ich hoffe doch, dass es ihnen diesmal an den Kragen geht, statt dass sie uns aushungern, hungern wir sie aus, wie viele Schiffe haben sie schon verloren, wenn sie es auch abstreiten, sie lügen, dass man es gar nicht sagen kann. Dies alles erinnert mich so an den Burenkrieg, den ich von Anfang bis Ende mitgemacht habe. Ja, jetzt ist der Krieg erklärt, Chamberlain hat auf alle Friedensvorschläge ein glattes «Nein». Als erste Antwort wurde wieder ein großes Schlachtschiff versenkt, ja nun fühlt er es hoffentlich. Deshalb will ich nun man Krieg Krieg sein lassen, und will von meinem Leben Euch, meinen herzlieben Kindern, weiter erzählen, denn wenn man 82 Jahr ist, bald 83, da kann es mal plötzlich zu Ende sein.

Also, wo war ich stehen geblieben, erstmal nachsehen. Ach so! Als das furchtbare Sterben unter den Menschen war. Kein Haus, wo nicht mehrere Kranke lagen, ja ganze Familien lagen, keiner konnte dem andern helfen. Bei uns waren alle Kinder krank, mein Mann und ich gesund. In Pella alle krank. Bei Schröders starben 6 Kinder, bei Springhorns lag der alte Onkel Springhorn, Tante Springhorn, vom Jettchen das kleine Mädchen und Heini Springhorn. Vater war immer unterwegs. War er zu Haus, denn in der Gemeinde gabs auch viel Arbeit, dann stand eine Karre oder 1 Pferd vor der Tür und Vater wurde nach Pella geholt, er kam oft erst nachts wieder, dann war ich allein mit all den Kranken. Als der alte Onkel Springhorn beerdigt war, hofften wir ja immer noch, dass es mit Tante Springhorn besser würde, aber eines Tages kam Vater wieder, er fiel mir weinend um den Hals und sagte: «Sie hat mich nicht mehr gekannt!» Da wars mit ihr auch bald vorbei und das Kleine von Jettchen starb. Mit unsern Kindern wars auch schlimm. Winfried und Walter sehr krank. «Mein Kopf, o mein Kopf» hieß es immer. Der kleine Hermann schlief immer und wenn ich ihn fragte: «Wie gehts denn, mein Junge?» sagte er immer sehr gut. Werner war schrecklich unruhig, und schalt immer. Wenn ich kam, sagte er: «Geh weg,» oder «Lass mich zufrieden,» ich dachte wirklich, er wäre mehr ungezogen als krank. Mein kleines Emmchen lag auch so still weg. Da schickte die Regierung Ärzte auf die Farmen, in unsere Gegend kam auch einer, und ich sagte im Laden bei der Stadt Bescheid, wenn einer käme, er auch zur Station kommen möchte. Und eines Tages kam er, ein deutscher Arzt, Dr. Machol, ein Jude. Wir hatten solche Angst um Winfried, sein Magen schwoll so furchtbar, auch die Brust und wir dachten, ob mit der Lunge was nicht in Ordnung wäre und er hatte schrecklich hohes Fieber. Als der Doktor ihn untersucht hatte: «Lunge und Leber ist allright, aber die Milz ist geschwollen.» Walter und Hermann wurden langsam besser, als ich ihn zu Werner brachte und sagte ihm, er schelte immer, da sagte er: «Das Kind ist sehr krank, da müssen Sie gut aufpassen.» Na ich kriegte einen Schrecken. Winfried erlebte immer was. Einmal lachte er ganz laut, als ich hinging und fragte, sagte er lachend:

«Ich sagte ihm, er sollte mir sein Messer geben, da gibt er mir eine Leberwurst,» und zeigte mir seine leere Hand. Ein ander Mal schrie er fürchterlich: «Sie stehlen mir ja meine

Esel, guck doch, alle nehmen sie mit.» Ich sagte: «Ja warte, ich schicke Maroko hin, der holt sie dir alle wieder», dann war er zufrieden, bis es dann Gott Lob mit ihm auch besser wurde. Nachher, als die Jungen besser waren, aber noch im Bett lagen, dann spielten sie Doktor. Der kleine Hermann war der Doktor und er klopfte auf Winfried und sagte dann: «Leber und Lunge ist allright, aber die Milz ist angeschwollen», und weil er lispelte, klang es zu drollig und alles lachte.

1898

Na, endlich waren die Kinder hoch, da legte sich mein Mann, seine Kräfte waren gänzlich alle. Da stand es fest bei mir, dass mein Mann, sowie er einigermaßen wäre, seine Reise nach Deutschland antreten sollte. Er war für 2 Jahr nach dort gerufen, um in der Mission zu arbeiten und zugleich seine Augen mal gründlich untersuchen zu lassen, und dann musste er auch alle 4 Jungen mitnehmen, denn nichts ist gegen Malaria so gut, wie Luftveränderung.

Na ja, wir richteten alles ein, Vater brachte beim Superintendenten alles in Ordnung und die Reise wurde auf Mai gesetzt, dass er zum Hermannsburger Missionsfest hier sein sollte. Meine Schwester Auguste war Diakonissin in Hannover im Henriettenstift, aber die Arbeit wurde ihr reichlich viel, und so bat ich Frau Oberin A. Harke, ob sie mir meine Schwester nicht geben wollte, damit sie Mutterstelle an meinen 4 Jungen vertreten könnte. Und das tat sie dann auch. Auguste zog Ostern nach Hermannsburg, wohnte in der Schule und richtete das Haus für den Empfang ein. Und dann kamen meine Lieben dort an. Ich hatte sie nach Pretoria begleitet, hatte aber immer so leichte Fieberschauer, aber so wenig, dass es niemand merkte. Als der Zug sich in Bewegung setzte, hatte der kleine Hermann, er war 6 Jahr alt, immer geschrien: «Ich will nach meiner Mama.» Ich fuhr zu Grotherrs, nach der Station Polonia und dort lag ich 8 Tage sehr arg am Fieber.

Ach, es war so einsam im Hause, ich ging durch alle Zimmer und suchte meine Jungen, aber nichts da. Dann packte mich wieder das Fieber, es war ein sehr böser Schlag. Ich fühlte es schon lange, denn ich war durcheinander, und einmal kam der alte David, und ich fragte ihn ganz was Dummes und er guckte mich groß an, da sagte Jakob, das hörte ich ganz deutlich: «Sag man ja, sie ist durcheinander.» Als ich zu Bett gehn wollte, bin ich wohl bewusstlos vor dem Bett umgefallen. Als ich wieder zu mir kam, war mein ganzer Körper in warme Kleie gewickelt und die «mamaspara» saß an meinem Bett und der Kirchenvorstand und der Häuptling Motzatzi. Als sie sah, dass ich wach, fragte sie mich wie es mir ginge, ich lachte und sagte: «Sehr gut,» da strich sie mir durchs Gesicht und sagte: «Nicht lachen.» Da kam Missionar Schindler, und ich dachte, was wollen die alle hier? Er fragte mich, ob ich etwas genießen wollte und ich nickte, da brachte er mir Hühnersuppe, und weil ich die Zähne nicht auseinanderkriegen konnte, löffelte er mir so'n bisschen ein. Nachher, als es besser ging, hörte ich, dass ich 3 Tage bewusstlos gewesen und immer laut gelacht hätte. Und heute, am 3. Tage, hatten sie gedacht, ich stürbe, und deshalb waren alle und Schindler zusammen gekommen. Nun ging es langsam besser. Mein kleines Emmchen erzählte mir nachher: «Putchen, das war mein kleines Gustchen, weinte so schrecklich, aber du hörtest und hörtest nicht.» Ja, da hatte der barmherzige Gott mir wieder gnädig geholfen. Ich ließ das Mädchen in meiner

Nähe schlafen und dann kam Mariechen Springhorn von Rikertsdam und pflegte mich. Schindler war Springhorns Nachfolger in Pella.

Dann wurde mein kleines Gustchen so elend, hohes Fieber, sie kannte mich gar nicht und lag wie ein Idiot, es war schrecklich. Ich dachte nicht, dass sie am Leben bliebe, und mein erster Brief an ihren Vater würde wohl sein, dass ich ihm schriebe, sein kleines Mädchen hätte uns verlassen! Ach, und dann diese Einsamkeit auf der Station, keinen Menschen, mit dem man mal so sprechen kann, nur Schwarze, und wenn sie auch lieb und gut sind, es ist doch anders. Eines Morgens, als ich an Gustchens Wiege kam, ging so'n Schimmer von Lächeln über ihr kleines Gesichtchen!

0 wie war ich dankbar und froh. Ich nahm sie auf den Schoß und musste erst furchtbar weinen. Und denkt, da waren 8 Zähne durchgekommen! Nun wurde es auch langsam besser. Ich hatte an meinen Bruder Werner, den Arzt, geschrieben, und ihm alles erzählt, und ihn gebeten, wenn ich nochmal solchen Anfall kriegte, den würde ich nicht überstehen, er sich dann der Kinder annehmen möchte.

Er schrieb mir, ich sollte sofort zu ihm kommen, aber das wollte ich nicht, es ging mir ganz gut jetzt und was würde dann aus der Station. Da schickte er mir ein Pulver, sah wie Schießpulver aus, das sollte ich nehmen, und sollte auch versuchen, den Kindern davon zu geben. Na, ich versuchte es bei denen, aber es war hoffnungslos, bei mir tat es seine Wirkung, ich habe nie wieder solchen Anfall gehabt.

Nun ging alles gut. Ich hatte mir allerlei Arbeiten vorgenommen, z.B. etwas am Hause ändern und umbauen, damit wollte ich meinen Mann überraschen. Ich zog ins

Wagenhaus, in die bewusste Kammer, das ging ganz gut. Von Deutschland kamen auch gute Nachrichten, die Kinder bekamen keine Anfälle, aber mein lieber Mann hatte sie noch öfter. Dazu kam, dass er gleich furchtbar eingespannt wurde, fortwährend predigen, es war ja kein Wunder, dass er zusammenklappte. Und das kann ich auch von Direktor Haccius nicht verstehen, dass er meinen Mann sich nicht erst erholen ließ, wie es Gott Lob jetzt geschieht. Na, die Zeit ging hin, mein Haus wurde hübsch fertig und ich freute mich auf die Zeit, wo Vater wiederkommen sollte, 1 ½ Jahr war er dort, da wurde die Rückreise auf November festgesetzt, ach, ich war so froh.

Nun hatte es am politischen Himmel schon lange gegärt zwischen Buren und Engländern. Der fromme Engländer will ja die Welt beherrschen, das ist sein Streben, die ganze Welt soll ihm zu Füßen liegen, und durch seine große Macht, die er sich in der ganzen Welt zusammen geraubt hatte, gelang es ihm, und jetzt hatte er es auf Transvaal mit seinen großen Goldfeldern abgesehen.

Wir sind doch auch mal in Kimberley, der großen Diamantenstadt gewesen. Sie gehörte zum Freistaat, da wurden Diamanten gefunden, in großen Mengen, schwapp war der Engländer, dieser Dieb, da, und nahm sie, das übrige Land nicht, nur diese Minen.

Wir hatten viel mit kranken Augen zu tun, « ägyptische Augenkrankheit», es war schrecklich, monatelang. Jetzt auch, und dann bekamen die Kinder Keuchhusten. Da sagte der Probst, wir müssten eine Luftveränderung haben, mal 4 Wochen so anderswohin und da wollten wir nach Kimberley. Ich backte Brot, Säcke voll, trocknete Fleisch ganz gehörige Mengen und Mais wurde gemahlen und dann war alles fertig und die Reise ging los.

Es war einfach herrlich. Über verschiedene Stationen kamen wir auch, und auf jeder Station bekamen wir Lebensmittel mit, das ist da so Sitte. Da habe ich auch «Ramaliane» (gesehen) wo jetzt Lüssmann ist, damals Herr Schulenburg. Na, die hatten einen Landbetrieb. So was von Schafen und Vieh. Und er war zugleich ein großer Doktor und doktorte unter den Buren und ließ sich feste bezahlen.

Na, so gefallen hat es mir nicht da, jetzt bei Lüssmanns wird es wohl anders sein. Winfried lernte das Laufen auf dieser Reise, er war wohl 1 Jahr alt. Na, und nun kamen wir nach Kimberley. 0 Kinder, diese Stadt! So was hatte ich in Afrika noch nicht gesehen außer Kapstadt. Und diese Minen. Tief tief, ganz entsetzlich tief in die Erde. Und wenn die Arbeiter aus den Schächten herauskamen, wurden sie erst gründlich untersucht, denn es wurde viel gestohlen, es hieß die Kaffern schluckten so kleine Stücke über, und dann auf dem natürlichen Wege wieder heraus!!!! Wir wohnten in Kimberley bei dem dortigen Missionar, Berliner Gesellschaft, aber die Kinder durften nicht zusammenkommen wegen der Ansteckung.

Es war eine ganz herrliche Reise und hat uns allen gut getan, mit frischen Kräften gings wieder an die Arbeit.

1899

So, nun fahre ich fort mit dem Kriegsgeschrei, es trieb immer mehr zum Kriege, die Buren rüsteten auch, d.h. sie haben ja keine Ahnung von dem, was wir unter Krieg verstehen. Ihre Kämpfe mit den Schwarzen, das war doch alles. Ich sagte mal zu unserm Nachbar, einem Bur: «Ihr habt ja gar keine Ahnung, was eine Großmacht ist, wenn Schiff auf Schiff mit Soldaten kommen und Kanonen, und ihr mit euren Flinten.» «Lass sie man kommen», sagte er, «Wir schießen sie.» Na ja, und sie kamen. Die Buren ziehen mit ihren Wagen, mit Frauen und Kindern in den Krieg, das gehört sich so bei ihnen. Auf der Farm bleibt ein Sohn oder auch öfter die Frau, alles andere geht mit. Und die Engländer, die im Lande waren, nahmen Kimberley und da schlossen die Buren sie ein, und wollten sie aushungern, das waren Freistäter Buren. Die in Mafeking waren, wurden von den Transvaalern eingeschlossen. Ein großes Lager wurde nach «Derdepoort» gelegt, an die Kafferngrenze.

Ach es war alles so schrecklich dumm! Da charterten die Engländer sämtliche Schiffe, gerade zu der Zeit, als mein Mann abfahren wollte. Deutschland hatte damals noch keine Schiffslinie nach Afrika, überhaupt nach dem Ausland, das ging alles über England. Und jegliche Verbindung nach Europa hörte auf. Ich konnte keinen Brief schicken und ich kriegte auch keinen, zu schrecklich. Aber ich dachte, am Ende wäre es meinem Mann ja gelungen, auf irgendeine Weise wegzukommen, ich wollte doch man im November nach Pretoria fahren und ihn denn abholen. Die Regierung hatte die ganzen Lebensmittel in den Läden beschlagnahmt, so dass wir auch wirklich Not hatten, ich dachte, dann könnte ich mir da etwas kaufen. Ich fuhr mit meinen beiden kleinen Mädchen los, über Polonia nach Pretoria, zuerst zum Konsul. Der konnte mir gar keine Hoffnung machen. Aber es sollte ein deutsches Schiff nach Delagoa Bay kommen, vielleicht käme er damit, ich möchte solange bleiben. Dann fuhr ich nach Polonia zu Grotherrs. Wenn der Konsul was hörte, wollte er mir sofort Nachricht geben. Lebensmittel konnte ich in Pretoria auch nicht kriegen, just 2 lb. Zucker, das war alles. Nach 4

Wochen kam der Bescheid vom Konsul, das Schiff wäre angekommen und er hätte gleich telegraphiert: «Wickert an Bord», Antwort «kein Wickert an Bord.»

Na nun konnte ich ja abziehen. Grotherrs gaben mir Lebensmittel mit, besonders Mehl und allerhand, und wir fuhren weg. Als wir über den Magaliesberg fuhren, kam uns Frau Lüneburg entgegen, eine Missionarswitwe, die von Kroondal kam. Sie fragte sehr erstaunt: «Wo willst du denn hin?» Ich sagte: «Nach Haus, mein Mann ist nicht gekommen.» «Das kannst du doch nicht, weißt du denn nichts?» Ich sagte, ich hätte nichts gehört, und ich müsste nach Haus, ich hielte es nicht mehr aus, was denn los wäre. Da erzählte sie: «Das große Burenlager bei Derdepoort ist von den Kaffern überfallen, alles getötet, das Vieh weggetrieben, du kommst gar nicht mehr hin.» Ja das war ein Schrecken. Unsere Station Mahanaim lag auch ziemlich an der Grenze. Aber ich sagte ich müsste und müsste nach Haus. Na, ich kam nach Kroondal. Dort die lieben Menschen wollten mich gar nicht weg lassen und ich musste fest versprechen, wenn es nicht sicher dort wäre, ich wieder kommen wollte, ja das versprach ich auch. In Rustenburg sprach ich mit dem Landrat, er war ein guter Freund von uns. Er wollte auch lieber, dass ich dabliebe, aber er konnte auch verstehen, dass ich nach Haus wollte, ich möchte es versuchen, dann nach Morgensonne, da waren gerade 5 oder 6 Wagen aus dem Mariko Kreis, die ihre Kinder von der Schule holen wollten. Sie erzählten mir, alle Buren in unserer Gegend hätten ein Lager bezogen, nahe bei Elandsrivier, und jeder müsste sich im Lager melden. Sie wären auf der Herreise dort gewesen, nun wollten sie meinen Wagen in die Mitte nehmen, dann käme ich durch. Und richtig, es ging. Mit tüchtigem Peitschenknallen gings am Lager vorbei und ich kam glücklich und wohlbehalten zu Haus an. Die Freude bei den

Leuten war groß, wenn sie auch traurig waren, dass ich ohne Mynheer kam.

Ich hielt gleich große Wäsche und wollte auch etwas zu Weihnachten rüsten, denn es war 6 Tage vor Weihnachten. Da eines Morgens, 5 Tage vor dem Fest, kam ein Reiter in vollem Galopp durch die Vley, und ich dachte gleich: «Das gilt dir.» Ja, er brachte mir einen Brief vom Lagerkommandanten, sofort ins Lager zu kommen, oder £5 Strafe. Ich überlegte, was tun! Ins Lager wollte ich auf keinen Fall und £5 hatte ich auch nicht. Ich ging zu unserm Kaufmann bei der Stadt, Markuse, und fragte ihn. Er hatte denselben Befehl bekommen, wollte aber auch nicht. Schließlich kamen wir überein. Er wollte am andern Morgen seine Karre einspannen und käme dann und holte mich und die Kinder und wir führen übers Lager nach Rustenburg, er wollte mich dann mit meinen Kindern nach Kroondal bringen und dann müssten wir weiter sehen. Ich packte meine ungeplättete Wäsche, d.h. Kinderzeug, ein und noch allerhand, und am andern Morgen gings los. Die Karre war sehr eng. Gustchen saß zwischen uns, Emmchen und das Gepäck lagen am Boden, aber es machte ihr viel Spaß. So kamen wir ins Lager, und der Commandant freute sich, dass wir kamen. Er war aber dann auch ganz damit zufrieden, dass wir lieber zu unsern Landsleuten wollten, als im Lager bleiben.

In Kroondal wurden wir sehr herzlich aufgenommen, und wir verlebten ganz herrliche Weihnachtstage. Männer waren nicht da, nur Johannes Penzhorn, weil er nur ein Auge hatte, sonst nur Frauen. Am zweiten Festtag kam Markuse, er war in Rustenburg. Er hätte mit dem Landrat gesprochen, und der hätte ihm geraten, ruhig wieder zurück in sein Geschäft zu gehn. Da wollte ich natürlich auch wieder mit, und nach vielen Verhandlungen erlaubten meine lieben Freunde dass ich mit sollte. Und so gings los. Der Landrat sprach mir Mut ein und war sehr lieb, und am Lager jagten wir einfach im rasenden Galopp vorbei, und kamen glücklich wieder zu Haus an. Nun war dieser Krieg zwischen Weißen, die Schwarzen sollten sich ganz ruhig verhalten. Nun lag an dem Lager von Derdepoort der große Kaffernhäuptling Lindswap, der war über die Grenze gekommen und das ganze Lager getötet. Und weil es doch ein Krieg Weiß gegen Weiß sein sollte, erhob die Burenregierung Protest bei den Engländern, denn Lindswap lag im englischen Protektorat. Aber die Engländer sagten, damit hätten sie nichts zu tun, und Lindswap überfiel alle Farmen an der Grenze, tötete die Leute und trieb das Vieh weg. Da fingen eines Tages Buren einen Kaffern, der sich da verdächtig herumtrieb. Bei der Untersuchung fanden sie einen Befehl von einem englischen General, welche Farm nun genommen werden sollte. Da war es ja klar erwiesen, dass das fromme England dahinter steckte.

Zu Haus überlegte ich alles mit Jakob. Ich packte einen großen Korb, Decken drin, 2 kleine Kopfkissen, Messer und Gabeln, 3 kleine Teller, 3 Becher, etwas Kaffee, Zucker und Nachtzeug. Wenn sie noch näher kämen, die Feinde, sollte Jakob diesen Korb in die Schlucht tragen. Am Berg bei der Stadt waren viele Schluchten, wo man sich gut verstecken konnte, und dahin wollte ich dann mit meinen kleinen Mädchen, und Motzatzi, mit dem ich auch sprach, wollte mir dann immer das Essen schicken. Aber ich konnte ruhig zu Haus bleiben.

1900

Es war wohl so Februar, ich weiß es nicht mehr genau, da bekam ich von Pella eine deutsche Zeitung. Woher die sie hatten, weiß ich nicht. Da war etwas angestrichen. Ich las: «Wie wir aus Deutschland hören, sind die Söhne unserer Missionare Kaiser, Wenhold und Wickert unterwegs, um hier ihrer Wehrpflicht zu genügen.» Ich war ganz starr vor Entsetzen, was sollte das heißen. Dann kriegte ich eines Tages einen Brief aus Hebron von einem Herrn, er war mit auf diesem Schiff gewesen, als es von den Engländern gefangen wurde. Diese 3 Söhne wurden gefangen nach Durban geführt, während die übrigen Reisenden aussteigen konnten.

Ja und das Schiff war im «Hoheitsgewässergebiet» überfallen, also durfte es nicht gehalten werden; aber darum kümmerte sich der fromme Engländer nicht. Ja nun saß ich da und wusste nicht aus noch ein. So etwa 4 Wochen später bekam ich einen Brief. Ich dachte: «Das ist doch Willis Handschrift und eine Transvaalmarke drauf!» Ja richtig, er war von Willi. Er schrieb, sie säßen in Durban und hätten es ganz gut. Sie würden als Offiziere behandelt, hätten ihr eigenes Zelt und Bedienung, könnten auch frei umher gehn, hätten Ehrenwort geben müssen, die Stadt nicht zu verlassen. Ob ich nicht mal bei der Regierung versuchen wollte, etwas zu tun, denn sonst müssten sie ja da sitzen, bis der Krieg zu Ende. Ein Franzose reiste nach Transvaal und der wollte diesen Brief mitnehmen.

Und das war vor 3 Wochen gewesen. Ich sann und grübelte, wie sollte ich nach der Regierung in Pretoria kommen, und was konnte ich tun, ach, es war zu schrecklich.

0 das muss ich noch erzählen. Die Kaffernüberfälle von Lindswap wurden immer frecher, sie kamen auch in unsere Nachbarschaft. Missionar Schindler, Pella, wurde das ganze Vieh gestohlen, und unserm Nachbar Rusch auch. Ich ging zu Motzatzi und bat ihn, ob er mir nicht einige tüchtige Leute geben wollte, die beim Kraal schliefen, dass mir doch das Vieh nicht gestohlen würde. Er lachte und sagte: «Missis du kannst ganz ruhig schlafen, dir tut kein Mensch was, aber ich will Leute beim Kraal schlafen lassen» Und es war komisch, rund herum wurde das Vieh gestohlen, nur meins nicht, und da dachte ich, am Ende sind die Viehdiebe hier in der Stadt und Motzatzi hat ihnen verboten, mein Vieh zu nehmen, und richtig so war's, wie sich herausstellte.

Am andern Tag saß ich auf der Veranda und dachte über mein Elend nach, da kommt ein Pferd um die Ecke, und ein Reiter mit einem weißen Strohhut sitzt darauf. Ich gucke ihn an, er guckt mich an, meine Augen werden groß, seine Augen werden groß, auf einmal ruft er: «Mutter!» und da lag mein Junge, den ich 10 Jahr nicht gesehen hatte, in meinen Armen an meinem Herzen. 0 Herr, ich danke Dir für Deine große Gnade und Barmherzigkeit! Welch ein strammer Junge war es geworden, ich konnte mich nicht genug an ihm satt sehen. Dann schickte ich meinen boy Jan ins Dorf, er sollte Emmchen und Gustchen holen, die da spielten, er sollte ihnen aber nichts sagen, nur sie sollten rasch nach Haus kommen. Nach einer Weile guckte ich aus dem Fenster und richtig da kamen sie angerannt, Emmchen zog das kleine Gustchen mit und rief immer «Bali, Bali, Bali.» Statt Willi sagen die Kaffern «Bali» und das hatte Jan gesagt, Bali ist gekommen. Na, Bali saß in der Stube im Sessel, da kamen sie hereingestürzt, an der Tür blieben sie verlegen stehn und steckten den Finger in den Mund, da breitete Willi die Arme aus und im Nu stürzten sie da hinein, und er hatte auf jedem Knie eins. Er kannte seine kleinen Schwestern ja noch gar nicht.

Nun kam eine schöne Zeit, ach und die Kaffern freuten sich so, Motzatzi kam gleich und freute sich, dass nun ein Mann im Hause war. Nun musste ich Willi beibringen, dass er als Reichsdeutscher nicht fechten durfte. Die deutsche Regierung ließ sagen, wir Reichsdeutschen müssten uns streng neutral halten, sonst könnten sie nichts für uns tun später. Das war ein großer Schlag für den Jungen, er konnte und konnte es nicht kapieren. Er ritt zum Feldcornett, aber der sagte ihm dasselbe und so gab er sich bei Kleinem und wir genossen so recht die Zeit.

Nun wurden die Grenzüberfälle immer ärger. Da beschlossen die Buren, an der Grenze an verschiedenen Stellen Wachkommandos zu setzen. Die jungen Leute aus dem Lager kamen und da konnte Willi auch mit, da er mich ja mit beschützen musste, und dies mit dem Krieg nichts zu tun hatte. Jeden Sonnabend schickte ich Jan mit einem Esel, der 2 Säcke trug, zur Wache. In einem Sack war frisches Brot, Gemüse, Obst und Fleisch, und im andern Sack Tabak. Da freuten sie sich dann die ganze Woche drüber. Es war wohl März oder April, die Fieberzeit jedenfalls, da wurde mein Junge schwer krank am Fieber ins Haus gebracht. Ja nun kam eine böse böse Zeit, die Malaria ist zu schrecklich. Und nichts hilft, es muss sich austoben, es dauert wochenlang.

Endlich half Gott der Herr und er erholte sich langsam, aber wieder zur Wache konnte er natürlich nicht.

Nun waren auch inzwischen englische Verstärkungen eingetroffen, sie hatten Kimberley genommen und Mafeking, alle Buren kratzten aus und kamen nach Haus.

Ich sagte zu dem Sohn unsers Nachbarn Erasmus: «Na Rentz, ich denke, du bist bei Mafeking. «Nein,» sagt er, «wir sind alle weg, denn sie schießen ja mit Maxims.» Dann rückten sie immer weiter vor, nach Zeerust, und die Buren sagten, wir sollten alles in Sicherheit bringen, sie nähmen alles mit, was sie kriegen könnten, na, erst war es noch nicht so weit. Da hörten wir eines Tages, woher es kam, weiß ich nicht mehr, ein deutsches Schiff habe in Delago Bay gelandet. Ach, da konnte doch mein Mann mit gekommen sein, und wir rechneten aus, wann er wohl hier sein könnte. Von der andern Seite waren die Engländer auch ins Land gezogen, und der englische General Lord Roberts hatte Pretoria genommen und besetzt, würde Vater dann durch Pretoria kommen und er brachte doch Elli mit. Na, wir redeten und überlegten, alles war still. Ich brachte die Kinder zu Bett, horchte noch mal draußen, ob ich Hufschlag härte, nichts. Dann schloss ich die Tür und sagte zu Willi: «Heute ist es nichts, da wollen wir es uns gemütlich machen.» Ich hatte es kaum ausgesprochen, klopft es an die Haustür! Ich sage ganz entsetzt: «Willi, die Engländer!» Ich gehe an die Haustür, frage auf kaffrisch: «Wer ist da?» keine Antwort, auf burisch, auf englisch, auf deutsch, immer keine Antwort. Da schubst Willi mich in die Stube und sagt: «Du machst auf keinen Fall die Tür auf, das tue ich,» und er ging und machte auf, da stand mein Mann vor der Tür und sagte: «Guten Abend, mein Libichen!» (so wurde ich als Kind immer genannt.) Ach, dies Glück! Emmchen schlief noch nicht, die kam wieder zum Vorschein, Gustchen schlief schon. Und Vater erzählte, wie er nach Pretoria gekommen, war gerade Roberts eingezogen. Irgend jemand lieh ihm einen kleinen Wagen und er packte Elli und etwas Gepäck hinein, und fort gings nach Polonia zu Grotherrs. Da ließ er Elli und Gratherr gab ihm ein Pferd bis Kana zu Wenhold und der gab ihm eins bis uns, so kam er an. Und in Pretoria hatte er von Willis schwerer Malaria gehört, und wusste nicht, ob er seinen Jungen noch lebend anträfe.

Und dann hatten es die Kaffern gehört, und Jakob kam und die andern, und dann hielt Vater mit uns allen eine Kaffernandacht und dann scheuchten wir sie alle ab. Natürlich hatte ich Abendbrot gemacht und dann ging alles zu Bett. Und Vater freute sich so über meinen schönen Neubau.

Ich konnte die ganze Nacht kein Auge zutun. Am andern Morgen sagte ich zu Gustchen: «Nun guck aber mal,» und sie machte solch erstauntes Gesicht, und als Vater ihr die Arme entgegen streckte, da kletterte sie schnell zu ihm ins Bett.

Am andern Vormittag kam Motzatzi und die Kaffern aus der Stadt zur Begrüßung und alle freuten sich, dass ihr Vater wieder da war. Und wir machten auch mit Motzatzi aus, dass er mit unserer Karre nach Polonia fahren wollte und Elli holen, dass wir die doch auch erst glücklich hier hätten.

13. November 1939

So lange habe ich nicht geschrieben, diese große Unruhe in der Welt lässt einen nicht zur Ruhe kommen. Und dies furchtbare Erlebnis, was wir vor einigen Tagen hatten, erschüttert uns und die ganze Welt. Als der Führer zu einem Fest in München war und im Festsaal geredet hatte (er hatte scharf mit England abgerechnet) und dann konnte er sich nicht aufhalten, wie er das sonst tat und noch einen kleinen «Schnack» mit seinen Freunden hielt, sondern er ging gleich zum Bahnhof, stieg in den Zug und fuhr ab nach Berlin. Kaum war er unterwegs, gabs eine furchtbare Explosion im Saal. Da, wo der Führer gestanden, war eine «Höllenmaschine» versteckt, die nun explodiert, 6 Menschen tot, viele verwundet, die Decke stürzte ein. Denkt, wäre der Führer noch 1 Stunde länger geblieben, so hätte es ihn getroffen und wir ständen heute an seinem Sarge. 0 Kinder, wie gnädig war uns der Herr, wie gnädig hat Er den Führer bewahrt! Wir können Ihm nie genug dafür danken.

Jetzt ist eine unheimliche Stille, die «Stille vor dem Sturm». Das ganze Volk kocht vor Wut, denn dass dies Attentat von England ausgeht, ist so sicher wie was. Möchten sie doch den Täter erwischen. Hoffentlich kommt es nun bald zum «Losschlagen», denn dies Warten ist auch schrecklich. Es ist noch so viel Arbeit draußen, aber die Männer sind fast alle weg, und die Frauen schaffen es ja nicht so schnell. Nun müssen wir sehen, wie es weitergeht, möge Gott Sich unser erbarmen, möge Er mit unserm lieben Volk, unsern lieben Soldaten, unserm lieben Führer sein, möge Er unsere Waffen segnen und die Feinde zerbrechen! Ja darum wollen wir Ihn von Herzen bitten, dass es bald wieder Frieden im Lande gibt.

14. November 1939

Ja es ist noch immer dasselbe, nichts. Nun, so will ich man weiter in meiner Erzählung fortfahren.

So gingen ein paar ruhige Tage hin, aber dann hieß es, die

84

Engländer wären in Zeerust und könnten in 3 Tagen hier sein, also alles verstecken. Wir hatten schon geschlachtet und Schinken und Speck hingen in der Rauchkammer, wohin damit? Am Wasser, unten an der Schlote standen große Eukalyptusbäume, dem einen war bei einem Sturm die Krone gebrochen, nun war er so furchtbar dicht und breit, da wollten wir morgen gleich alles hinein hängen, da würde es kein Mensch suchen, damit gingen wir zu Bett. Am andern Morgen, ganz früh, höre ich ein merkwürdiges Geräusch draußen und an der Küchentür wird geballert schrecklich. Ich gucke hinter die Gardine - o du liebe Zeit, die ganze Werft voll Pferdereiter. Ich schrei: «Papa, die Engländer!» Wir rasch angezogen und heraus, Papa vorn und ich hinten nach der Küche. Da stand alles voll Engländer, einer schrie «Kaffee», der andere «Brot», andere «Milch», ich sagte, sie müssten warten, es wäre ja noch nicht mal Feuer, und der Junge hätte noch nicht gemolken. Na, das Mädchen kam, machte Feuer, und der Junge ging zum Melken. Vorn war der große Generalstab des Lord Methuen bei ihren Karten und Vater war bei ihnen. Ich gab den Leuten Brot, Obst, Eier, was da war, aber sie bezahlten alles, und dann wurde der Kaffee gemacht, sie kriegten welchen und für die Herren vorne machte ich Tee und schickte es durch Letta hinein. Da kommt ein Offizier zu mir und sagt, da draußen in dem Hause hingen so viel Fleischwaren, ob die nicht anderswo hinkönnten, da wären sie nicht sicher. Ich sagte, wir hätten sie heute wegbringen wollen, aber sie wären uns zuvorgekommen. «Aber,» sagte ich, «Sie sprechen ja Englisch mit anderm Akzent. Sind Sie kein Engläder?» «Nein,» sagt er, «ich bin Deutscher.» Ich: «Ich bin auch eine Deutsche, dann wollen wir man Deutsch sprechen. Wo kommen Sie denn her?» Er: «Aus Celle.» Ich: «Aus Celle, da komme ich ja auch her,» und wir lachten ganz tüchtig. Ich: «Wie heißen Sie denn?» Er: «Von Halkett.» Ich: «Sind

Sie denn Rösels Bruder James?» Er: «Ja, und wer sind Sie denn?» Ich: „Ja dann muss ich doch Lisbeth Wittrock sein!» Er: «Ist es möglich! Lisbeth Wittrock, die damals nach Afrika ging?» Ich: «Ja, in eigner Person.» Dann lachten wir ganz tüchtig und schüttelten uns die Hände. Da kam Letta herein und schrie: «Missis, sie fangen ja unsere Hühner!» Ich heraus, er hinterher und danach in den Hof, kein Einziger solle sich unterstehn und hier was wegnehmen, der würde schwer bestraft. Die Soldaten hatten ein Lasso am Sattel, wenn ihnen dann ein Huhn in die Nähe kam, warfen sie das Lasso und erdrosselten das Huhn, es hingen schon eine ganze Menge Hühner an den Satteln. Halkett gab einen Posten, der musste aufpassen, dass nichts wegkam. Dann holten wir Speck und Schinken, und ich steckte alles unter mein Bett, da würden sie ja wohl nicht hinkommen. Dann kochte ich uns erstmal eine ordentliche Tasse Kaffee und deckte den Tisch und rief Vater aus der Stube vorn, und erzählte ihm was hier passiert. Dann tranken wir gemütlich (Willi war solange vorn beim Stab), dann als Vater wieder nach vorn ging, kam Willi an die Reihe. Elli war noch nicht da. Nachher ritten sie weg, und ich sah den großen General Methuen auch. Dann bekam die Wache Kaffee und ein ordentliches Frühstück, er freute sich so, mal richtiges Brot essen zu können, sie hätten immer nur dies harte, was kein Mensch beißen kann, und dann ritt er auch weg.

Nun muss ich noch erzählen, als wir hörten, dass sie kämen, holte ich alle Eier aus den Nestern im Wagenhaus, und ging ins Dorf und holte mir von überall faule Nesteier, und legte in jedes Nest eins. Als sie nun weg waren, sah ich nach, und richtig, alle Eier waren weg. Das macht mir heute noch Spaß, wenn ich dachte, wenn sie sich beim nächsten Abkochen ein Ei braten wollten und der liebliche

Duft käme ihnen dann entgegen. Na, und dann wurde Elli geholt und ich genoss es so recht, meine beiden lieben Ältesten wieder zu haben. Die Engländer zogen immer hin und her, und die Buren versteckten sich in den Bergen und Wäldern, es war trostlos. Einmal, es war so, das Korn war so schön aufgekommen, da kam eine ganze Kolonne über den Berg von der Rustenburger Seite. Sie nahmen nicht den Weg, sondern quer durchs Feld, alles Korn wurde zertreten, sie gingen in den Busch und holten alles Vieh der Kaffern, unsers auch, alles durchs Korn getrieben. Ich und Elli und die Kleinen standen auf der Veranda und sahen zu, Vater kochte vor Wut, seine Augen funkelten. Da kam der Oberste auf ihn zu, und fragte irgendwas. In demselben Augenblick fing die Glocke an zu läuten zur Schule. Da fragte er: « Ist dies eine Missionsstation?» «Ja,» sagte Vater. «Da bitte ich um Verzeihung,» sagte er. Ja aber mit dem Vieh zog er ab. Da sattelte Vater sein Pferd und ritt nach Tulana, wo sie ihr Lager hatten, und sprach mit dem Kommandanten. Erstlich, dass dieser Krieg zwischen Weißen die Kaffern nichts anginge und sie sich ganz ruhig verhielten, sie kein Recht hätten, das Vieh zu nehmen. Und er wäre Reichsdeutscher, da hätten sie erst recht kein Recht, sein Vieh zu nehmen, er würde sich beschweren. Und wirklich, er kriegte das ganze Kaffernvieh und unsers wieder. Na, diese Freude bei den Schwarzen!

Es war ein furchtbarer Krieg. Als Lord Roberts Pretoria genommen, streckten die Buren die Waffen, damit wäre ja nun der Krieg eigentlich beendet, aber die Buren an unserer Seite, im Buschfeld nach Mafeking zu, die hatten nicht die Waffen gestreckt, wollten es auch nicht, und nun fing der sogenannte Buschkrieg an. Die Engländer zogen durchs Land, vernichteten alles, die Buren lagen irgendwo im Busch im Hinterhalt und schossen denn so von hinten einige Engländer tot. Die Wut wurde immer größer. Die

Engländer zerstörten die Farmen, steckten die Häuser in Brand, schnitten die Betten auf und schütteten die Federn aus oder verbrannten sie, Mais, Korn, jegliches Nahrungsmittel wurde verbrannt. Dann nahmen sie Frauen und Kinder und das Vieh mit und plünderten eine andere Farm genau so, wenn die unglücklichen Buren dann nach Haus kamen, fanden sie keins mehr. Die Frauen kamen nach Mafeking ins Konzentrationslager, das Vieh auch. Wenn das Korn so weit war, dass es Ähren hatte, kamen die Herren Engländer wieder mit dem ganzen Heer durchs Korn, alles zertreten und war es erst fast reif, steckten sie es in Brand. Ja, da habe ich den Hunger kennen gelernt.

Uns persönlich taten sie nichts, Vater trat ihnen gleich als Reichsdeutscher entgegen, aber sie guckten Willi immer so verdächtig an, dass ich Angst hatte, sie nehmen ihn einfach mal mit, ich wollte ihn einsperren, wenn sie kamen, aber da lachten Vater und er mich aus! Wie oft kamen unsere Nachbarn, die Buren, hinten in die Küche und ich gab ihnen Kaffee und Brot, und sie konnten sich satt essen. Manchmal saßen vorne in der Wohnstube Engländer mit ihren Karten, ich hatte so oft das Gefühl: «Dies bricht uns noch mal den Hals,» aber man konnte die armen Leute doch nicht abweisen. Und wenn ich sie gespeist hatte, ließ ich sie hinten heraus und dann waren sie ja auch schon im «Busch» und verschwanden.

Dann hatte Vater wieder mit der Malaria zu tun, komisch, wer dies Fieber gleich stark hat, bekommt es alle Jahr wieder, so war es mit Vater, und nun kam es wieder. Man hatte ja keine richtigen Lebensmittel für Kranke, kein Arzt zu haben, so war es schlimm. Im November hatten unser Emmchen und Vater Geburtstag. Für Emmchen backte ich so kleine Plätzchen mit dem letzten Zucker, den ich hatte, Vater kriegte einen Topfkuchen ohne Zucker. So ging es bis Weihnachten. Am 2. Festtag hatte Vater nachmittags noch eine Krankenkommunion in der Stadt, als er zurückkam, legte er sich ins Bett, und ist nicht wieder aufgestanden.

Schließlich schlug die Malaria in Typhus um, und dann ist es hoffnungslos! 2 Monate lag Vater, es war eine <u>so</u> schwere Zeit.

1901

Ich und Willi wachten abwechselnd, Elli musste schlafen, denn sie musste ja die ganze Wirtschaft führen. Einmal war Vater so sehr unruhig, da betete ich ihm die 2 Verse von «0 Haupt voll Blut», die «Wenn ich einmal soll scheiden, so scheide nicht von mir», 2 Verse, da nickte er mir so dankbar zu und legte sich auf die andere Seite. Wir gingen alle noch mal zum Heiligen Abendmahl, Bruder Fitschen kam und reichte es uns. Und dann das Ende. Auf einmal stand das Herz still. Willi schrie laut auf: «Nun hat er uns allein gelassen!»

Ja nun war ich eine Witwe mit 8 lieben Kindern! Ich kann hier nichts über schreiben, ich kann nur Gottes Barmherzigkeit und Seine große Gnade preisen. Dies war am Freitag, den 1. März, als unser geliebter Vater heimging. Ich wollte gern die Beerdigung Sonntag haben, dass die Außendörfer auch da sein könnten, aber das ging nicht, die Verwesung kommt in dem heißen Klima zu schnell, so war sie am Sonnabend. Und soviel Leute waren da! Es war gleich in die Außendörfer geschickt, die waren alle da, und die Buren, solche Menge, und viele Heiden aus der Stadt. Die deutsche Trauerrede hielt Bruder Fitschen im Hause, dann sollte der Sarg in die Kirche, aber es waren zuviel Menschen da, so wurde er vor die Kirchtür gestellt, und Schindler hielt in kaffrisch die Predigt. Dann auf dem Friedhof sprach noch jemand auf afrikaans, aber ich kann mich nicht mehr entsinnen, wer es war, und dann wurde hübsch gesungen und der Hügel zu, und wir gingen in mein einsames Haus. Ich dachte immer: «Was soll nun werden, ich habe ja nichts mehr zu tun.» Und dann kamen meine beiden kleinen Mädchen, Emmchen 6 Jahr und Gustchen 4 Jahr, und hatten was zu fragen, und dann kam ich drüber weg, und dann kamen die Leute und wollten was wissen, und da habe ich den Segen der Arbeit kennen gelernt. Und merkwürdig, $1^1/_2$ Jahr konnte ich mir meinen Mann nur im Sarg vorstellen, ich dachte, soll dies denn immer so bleiben.

Da, nach $1^1/_2$ Jahren sah ich, wie er vom Garten kam und mich anlachte, da war das Sargbild weg. Und so allmählich fand ich in mein einsames Leben hinein, ich kann nicht drüber schreiben, aber ich hatte ja meine geliebten Kinder, meine beiden lieben Ältesten, Willi und Elli, und meine beiden Jüngsten, Emmchen und Gustchen, die 4 lieben Jungen in der Mitte waren ja in Deutschland. Wie sollte ich nun Nachricht dahin kriegen, es gab ja keine Verbindung.

Linokana war schon in englischen Händen, ein Oberst Levi präsidierte dort, so schickte ich einen Brief an Jensens und bat sie, ihn nach Deutschland befördern zu wollen, und er ist auch hingekommen, und meine Lieben alle in der alten Heimat hörten, dass unser lieber Vater heimgegangen sei.

Und nun kam die Angst um Willi. Schon bei Vaters Krankheit hatten die Buren öfter gesagt, Willi müsse zu ihnen kommen und helfen, dass er «Reichsdeutscher» war, begriffen sie nicht, aber ich konnte dann immer sagen, solange mein Mann krank sei, könnte ich ihn nicht entbehren.

Nun war es anders. Und wenn die Engländer durchzogen, guckten sie ihn auch so an, dass ich oft dachte, sie nehmen ihn gefangen. Dies war unerträglich, man konnte ja auch nicht wissen, wie lange dieser unselige Krieg dauern würde. Da besprachen wir alles ordentlich und kamen zu dem Entschluss, er sollte wieder zurück nach Deutschland, bis der Krieg vorbei. Ich schrieb an meinen Bruder Werner in der Capkolonie und bat ihn, ob er mir das Schiffsreisegeld für Willi geben wollte. Er schrieb mir von Kapstadt aus, er wäre auch im Begriff nach Deutschland zu gehen, sein Schiffsplatz wäre schon belegt, aber für Willi würde er das Geld bei Pastor Wagner lassen, er möchte nur kommen.

Nun rüsteten wir. Er packte ein, was er mitnehmen wollte, und wir nahmen 3 Esel, einen ritt Willi, einen unser Kaffer Jan, der ihn begleiten sollte und 1 Esel trug die Sachen. Sie mussten quer durch die Kalahari Wüste bis Lobazi, englisches Protektorat, da sollten sie die Esel verkaufen, das war das Reisegeld bis Kapstadt, und Jan musste zu Fuß zurückkommen. Es war ein schwerer Abschied, denn wer konnte wissen, ob wir uns noch mal wiedersähen?

Nach einigen Tagen kam Jan wieder und drückte mir einen kleinen Zettel in die Hand, darauf schrieb Willi, dass alles gut gegangen und er nun nach Kapstadt abreiste. Nun saß ich da mit meinen Töchtern allein und es wurde immer schlimmer, der Hunger immer größer. Die Buren kamen und wollten was zu essen haben und die Engländer kamen und nahmen, was sie erwischen konnten. Am schrecklichsten war, als man kein Salz mehr hatte!! Da beschloss ich, einige Wochen nach Linokana zu Jensens zu fahren und mich mal auszuruhn. Ich besprach alles mit Jakob, und er rüstete. Ich suchte zusammen von Lebensmitteln, dass es so für 3 Wochen reichte. Und komisch, auch meine gute Tischwäsche packte ich ein, und reichlich Bettwäsche und all mein bisschen Silberzeug, und dann gings los. Wir konnten aber nicht mehr über Zeerust, denn da war schon der Engländer. Der hätte uns nicht herausgelassen, sondern wir mussten hinten herum, ich weiß nicht, wie die Gegend hieß. Manchmal saßen wir in einem Fluss fest, dann kamen Buren und schleppten uns heraus. Einmal saßen wir in einem tiefen Fluss fest, der ganz trocken war, aber so viel Sand, dass der Wagen richtig einsackte. Das Vieh der in der Nähe wohnenden Buren war schon auf der Weide. Abends wollten sie helfen. Da mussten wir den ganzen Tag liegen bleiben, aber als das Vieh kam, kam doch niemand, und auf unsere nochmalige Bitte hatten sie allerhand Ausreden, na, sie wollten also nicht. Da mussten wir alles abladen und dann zogen unsere Ochsen an und wir schoben mit aller Macht, am dollsten mein kleines Gustchen, ihr Rücken bog sich ganz krumm, und dann kamen wir ja auch glücklich heraus, und unser Treiber Isaak sagte immer: «Ja, wenn Gustchen nicht so geschoben hätte, säßen wir noch da, «dann strahlte ihr kleines Gesicht. Bei jedem Burenlager musste ich vor und mich beim Kommandanten melden, ob sie mich vorbei ließen. Aber sie waren alle nett und freundlich und ich konnte weiter. Da kamen wir denn nach 8 Tagen glücklich in Linokana an und wurden herzlich aufgenommen. Ich musste dann zum dortigen Kommandanten und mich melden. Ich kannte ihn, es war ein Verwandter von unserm Nachbar Rusch. Er freute sich, als er mich sah und sagte, es wäre schön, dass ich gekommen. Ich sagte, ob ich denn wohl 3 Wochen hier bleiben könnte. Er guckte mich ganz groß und erstaunt an und sagte dann: «Du musst immer hierbleiben, bis der Krieg zu Ende ist, zurück gibts nicht.» Ich dachte ja, mich rührte der Schlag, aber was halfs. Ich besprach alles mit Jensens, und dann gaben sie mir im Nebenhause 1 nette Kammer, wo wir drin schliefen und wohnten.

Nebenan ein kleiner Raum, unsere Küche. Da lebten wir von dem, was ich mitgebracht hatte. Als es alle war, mussten wir bei Jensens essen, und das war mir nicht leicht, denn wir waren 4 Personen und alle Kinder waren zu Haus, es war ein großer Haushalt, aber Jensens sagten, solange sie was hätten, hätte ich auch was.

Da kam Nachricht von Willi aus Mafeking. Er war gar nicht hingekommen nach Kapstadt, sondern in Mafeking festgenommen, und ins Konzentrationslager gesteckt. Mein Schrecken war groß, aber was halfs! Nun kann ich mich nicht mehr besinnen, wie lange er im Lager war, ich glaube nicht ganz ein Jahr, aber solange waren wir schon bei Jensens, und ich hatte mich doch nur auf 3 Wochen eingerichtet.

Wir waren zuletzt so abgerissen, keine Schuhe und Strümpfe, keine Kleider, es war entsetzlich. Gehalt hatte ich ja auch die ganzen Jahre nicht gekriegt, unsere Missionare an der andern Seite waren alle nach Pretoria gebracht. Da sagte ich zu Bruder Jensen, ich wollte mal versuchen, an den Generalkonsul nach Pretoria zu schreiben, es kam so viel Geld von Deutschland für die Buren, vielleicht fiele für uns etwas ab. Und nach ganz kurzer Zeit kam ein so lieber Brief vom Konsul und er schickte mir erstmal £30 (600M), o wie war ich froh, da konnte jemand nach Zeerust mit einem Erlaubnisschein vom Oberst Levi und einem Einkaufszettel, der musste aber erst dem Kommandanten vorgelegt werden und was ihm nicht recht war, strich er aus. Ich hatte auch 4 Paar Schuhe aufgeschrieben, wir waren doch 4 Personen, da hat er wohl gedacht, 3 Paar wären genug, und mein kleines Emmchen blieb über, darob große Trauer. Aber ein Jude, Kuli, war in Linokana, der ging nach Mafeking und schmuggelte allerhand Sachen, die er dann so verkaufte, als er von unserm Malhör hörte, sagte er, dass er nun wieder hinginge und ihr welche mitbringen wollte und nach kurzer Zeit hatte sie auch ein Paar.

Da kam ein Brief von Willi Schulenburg, Missionar in Ramaliane, der auch schon weggeführt war nach Mafeking, ins Lager, und weil er tüchtig war, arbeitete er in der Kommandantur. Der schrieb mir, dass Willi am Typhus erkrankt sei und im Hospital läge und ich möchte kommen, er schickte mir gleich alle Papiere mit, die ich zu dieser Reise gebrauchte. Ach, wie war ich froh, dass ich doch etwas Geld hatte und anständiges Zeug. Na, Oberst Levi unterschrieb alles und am andern Tage fuhr mich Ernst Wehrmann mit der Karre nach Lobatsi. Dieser Zug über Lobatsi war ein sehr bedeutender, er kam von weit her und fuhr nach Kapstadt, es war wohl so'ne Art Express. Auch Güterzüge führte er, nun hatte es sich ausgesprochen, die Buren wollten diesen Zug überfallen und vernichten, deshalb wurde er von «Panzerzügen» begleitet. So was sieht man nicht alle Tage. Erst kam ein Panzerzug, die Wagen waren alle zu, nur überall guckten die Gewehre heraus. Dann kam ein endlos langer Güterzug, dann wieder ein Panzerzug, dann ein Güterzug, dann ein Panzerzug, ein Güterzug, Panzerzug, dann ein Personenzug mit uns und lauter Militär, ich und noch eine Dame waren die einzigen weiblichen Fahrgäste, dann noch ein Panzerzug, Schluss. Na, sonst ist es bis Mafeking keine halbe Stunde und diesmal dauerte es 3 Stunden bis ich ankam, abends um 9. Im Zuge schickten uns die Offiziere Tee und Gebäck zur

Erfrischung, das war sehr niedlich, denn wir waren wirklich erschöpft.

Ein Hotel hatte Willi Schulenburg mir auch genannt und so fragte ich mich dorthin und bekam ein nettes Zimmer. Am andern Morgen kam Onkel Schröder aus Pella, der auch mit Familie interniert war, und holte mich und bei denen im Zelt sollte ich auch wohnen. 0 dies Lager! Ein großes großes Dorf, mit richtigen Straßen, die alle Namen hatten. Die Hauptstraße hieß «Kensington Road» wie die vornehme in London. Dann musste ich zur Kommandantur und mich melden. Der Herr war sehr nett, er hatte auch von W. Schulenburg von mir gehört, er gab mir einen Schein, dass ich mir mein Essen holen konnte von der großen Kochstelle und dann brachte Onkel Schröder mich zum Hospital. Dort kam ich in einen großen Raum, wo viele Betten standen mit Kranken drin. Ich guckte umher und suchte meinen Jungen, ja da lag er und hatte die Augen zu. Als ich ihn so anguckte, schlug er die Augen auf und sagte leise: «Mutter.» Ich kniete am Bett und fasste ihn um, da sagte er: «Ich kann gar nicht hören.» Es lag ein Zettel Papier und ein Bleistift da, ich schrieb drauf: «Das kommt alles wieder.» Viel sprechen konnten wir nicht, wir waren beide zu sehr bewegt. Dann kam der Arzt, denkt ein Deutscher, Dr. Flockemann, er freute sich, als er mich sah, ich könnte vormittags auch schon kommen, und dann kam die Oberin, eine Engländerin, sie war auch sehr nett. Da ging ich vormittags schon 1 Stunde hin und nachmittags wenn die Besuchszeit war, und so bei Kleinem wurde es besser. Aber dies Lager! Lauter Frauen und Kinder. Und als die Typhus Epidemie kam, starben die Leute wie die Fliegen. Wir konnten von Schröders Zelt den Friedhof sehen, zu welcher Zeit man auch guckte, Frauen schaufelten ein Grab, und Frauen trugen den Sarg, es war erschütternd.

4 Wochen war ich im Lager, da wurde Willi entlassen, und ich könnte ihn mitnehmen. Der Doktor sagte mir, wenn der Kommandant mich fragte, wohin ich wollte, dürfte ich nicht sagen, Transvaal, sondern «da, wo Oberst Levi ist», und das sagte mir auch W. Schulenburg, und das tat ich auch, als ich mich beim Kommandanten abmeldete. Einige Tage blieben wir noch bei Schröders, und dann gings zurück nach Linokana. Da war die Freude groß und Willi wurde freundlich aufgenommen.

Nun hat man das oft bei Typhus, dass was nachbleibt und an irgendeiner Stelle etwas Krankes wieder kommt. Willi klagte bald über sein Ohr, und hinterm Ohr war eine Geschwulst, ein Geschwür, es wurde sehr schlimm, nächtelang pilgerte ich mit ihm draußen umher. Elli wurde ausquartiert und er kam mit in meine Kammer, da konnte ich ihn besser betreuen. Schließlich war der Höhepunkt da, es war ganz blau, ich sagte zu Onkel Jensen, ob er es nicht aufschneiden wollte, es müsste und müsste auf, na auf mein Bitten wollte er es denn, holte sein Rasiermesser und Lenchen ging mit hinein, ich sollte nicht mit. Er kam wieder heraus, und sagte, es kommt nichts heraus, da wollte ich es noch mal versuchen, da kam Lenchen und rief mich, es war durchgebrochen und nun kam ein Strom von Eiter, Willi lag ohnmächtig da. 0 ,was ist da für Eiter herausgekommen, bis es ganz dünn war. Nun wurde es langsam besser.

1902

Es waren auch Friedensverhandlungen im Gange und eines Tages rief Onkel Jensen über den ganzen Hof: «Friede,

Friede.» Von allen Seiten tönte das Geschrei, es ist ja Friede. Die jungen Leute rannten nach der Kirche und läuteten die Glocken, ach, es war so schön. Ich war gerade $1^1/_2$ Jahr in Linokana gewesen.

Ich habe lange nicht an meinen Erinnerungen geschrieben, man hat gar keine Lust dazu, es ist Krieg, d.h. erst ein Seekrieg mit England, der Landkrieg kommt dann. Es ist solche innere Unruhe, man kommt gar nicht zu sich selbst, möchte der Führer nur bald losschlagen, je eher ist es vorbei. Wir haben auch einen furchtbar kalten Winter, viel Schnee, alles vereist und zugefroren, und die Feuerung knapp, möchte Gott Sich unser erbarmen.

Nun will ich weitererzählen. Jetzt rüstete ich mich in Linokana zur Heimfahrt. Und mein lieber Willi reiste ab nach Kapstadt, er wollte immer noch versuchen, wieder nach Deutschland zu kommen. Da ich noch etwas Geld hatte, kaufte ich mir bei Wehrmanns, die tüchtig eingeschlachtet hatten, Speck, Schinken, Würste und Butter und Schmalz, und in Zeerust noch Mehl, so nahmen wir Abschied von den lieben Jensens und wir zogen ab und kamen auch glücklich zu Haus an. Na, dies Glück von den Leuten, als sie ihre Missis wieder hatten. Aber wie war mein Haus ausgeplündert. Der ganze Leinenschrank war leer! Meine Kommode mit all den hübschen Sachen, Rückenkissen und Decken und dergleichen, die ich zur Hochzeit von meinen Freunden bekommen, alles weg. Die hübsche Babywäsche, alles weg. Welch ein Glück, dass ich meine gute Tischwäsche, reichlich Bettwäsche und mein Silberzeug mitgenommen hatte, sonst wäre das auch weg. Jakob hatte noch etwas Geschirr, Messer und Gabeln im Busch versteckt, die er nun wieder zum Vorschein brachte. Auch der Kleiderschrank war leer. Als Jakob ihnen den Schlüssel nicht geben wollte, machten sie hinten die Bretter los und nahmen alles mit. Meines lieben Mannes guten Anzug wollte ich mir aufheben zum Andenken, aber er war auch weg, kurz alles. Wo sollte ich wieder Wäsche herkriegen? Wir Witwen sollten damals nichts mehr von der Mission haben (das ist aber später aufgehoben, wir kriegen auch was!) so schrieb ich an Frl. Pauline Harms in Hermannsburg, die hatte diese Sachen in der Hand, ich erzählte ihr alles, und sagte und bat sie, dies eine Mal mir noch zu helfen.

Dann musste ich nach Pretoria zum Konsul, alles mit ihm besprechen wegen meines Mannes Tod, und auch zu unserm Probst Jordt, wegen meiner Pension. Ich hatte kein Geld mehr, musste mir erst von Jordt was holen, sonst konnte ich nicht einkaufen. Da gerade, 1 oder 2 Tage bevor ich abreiste, bekam ich aus Deutschland £30. Mein Bruder Werner, der damals wieder zurückging, hatte verschiedenen Freunden von Afrika erzählt, und wie schwer es die armen Deutschen hätten, die nichts bekämen. Er hätte eine Schwester dort, die auch nichts hätte. Da sammelten sie bei Freunden und Bekannten, und als sie 600M hatten, schickten sie es mir. 0 wie war ich glücklich. Nun konnte ich Elli etwas lassen, sie blieb mit den beiden Kleinen zurück und ich fuhr los zu Jordts. Der alte Bruder Jordt freute sich, als er mich sah, und wir konnten alles besprechen. Ich bekam über £100, diese £100 ließ ich ihn sofort nach Deutschland überweisen an meine Schwester Auguste, denn die hatte ja auch die ganzen 2 Jahre nichts bekommen für die Kinder, nun war ich die Sorge auch los,

£10 nahm ich mit, die über £100 waren, so hatte ich genug zum Einkaufen. Alles ging gut in Pretoria. Der Konsul war so lieb zu mir, er hatte meinen lieben Mann ja auch gut gekannt. Und dann kaufte ich ein, Mehl, Zucker, Kaffee und alles für den Haushalt, Stoffe und Wäsche und dann fuhr ich auf dem Rückwege bei Grotherrs vor, und bei Wenholds und dann nach Haus. Meine Kleinen kamen mir entgegengelaufen, mein kleines Gustchen klammerte sich an mich, sie hatte wehe Augen gehabt. Diese «ägyptische Augenkrankheit» kennt man nur in Afrika, sie ist ganz entsetzlich, das arme kleine Ding, so schmerzhaft und dann keine Mama, na, nun war ja alles wieder gut, und wir lebten still mit der Gemeinde weiter. Ich säte und pflanzte, baute wenn es nötig war, immer in der festen Hoffnung, mein lieber Sohn Winfried würde mal seines Vaters Nachfolger werden, und ich könnte ruhig auf meinem alten Platz wohnen bleiben. –

Nun muss ich erstmal wieder von meinem lieben Willi erzählen.

Ich hörte länger nichts von ihm, und so dachte ich, alles ist in Ordnung. Da bekam ich eines Tages einen Brief von einem Pastor Friedrich aus Kapstadt. Er schrieb, vor einigen Sonntagen wäre ihm bei der Kirche ein junger Mann aufgefallen, der so einsam dort gestanden hätte, als er ihn sprechen wollte, war er weg. Am andern Sonntag stand er wieder da. Da ging er zu ihm, fragte «woher» und «wohin» und da erzählte er ihm alles. Pastor Wagner kümmerte sich gar nicht um ihn, und er hätte kein Geld mehr und keine Arbeit und wüsste nicht, was anfangen. Da nahm er meinen Jungen mit in das Seemannsheim, gab ihm ein Zimmer und ließ ihn ordentlich essen und am andern Tage suchte er Arbeit für ihn am Hafen, wo er leichtere Arbeit tat, und soviel verdiente, dass er sein Essen bezahlen konnte. Und da schickte er mir von seinem Ersparten einen hübschen Rahmen für seines lieben Vaters Bild, der steht heute noch auf meinem Schreibtisch. Seine Absicht, nach Deutschland zu gehen, redete er ihm aus, er könnte hier eher was verdienen.

Ja unsere Pläne mussten ja umgestaltet werden. Mein Mann wollte ihn in Pretoria in den Reichsangestelltendienst haben, hatte mit allen schon gesprochen, auch mit «Oom Paul», aber durch den Krieg kam ja alles anders. Mein Mann starb und der furchtbare Deutschenhass setzte ein. Die Engländer hatten die Macht und kein Deutscher galt was, es war ganz schrecklich.

Durch Pastor Friedrichs Vermittlung bekam Willi dann eine Stelle in East London beim deutschen Konsul Malcomess, er bekam nicht viel, aber er konnte doch leben. Wie lange er dort war, weiß ich nicht mehr. Aber er wollte mehr verdienen, weil er doch für seine Mutter und kleinen Geschwister mit sorgen musste. Er war auch deshalb vom deutschen Heeresdienst frei, denn unsere Jungen als Reichsdeutsche mussten ja dienen, aber ihm wurde es erlassen. Da bekam er eine Stelle in Port Elizabeth in einer großen deutschen Firma: «Rolfes, Nebel und Co.» und da bekam er mehr. Er schickte mir jeden Ersten des Monats £3, das war ganz sicher.

Nun kann ich mich nicht mehr besinnen, in welchem Jahr es war, als die «Lousitania» unterging und dies furchtbare Morden und Zerstören gegen die Deutschen anfing. Aber das kommt erst später, ich will erst von mir weitererzählen.

Ja, ich lebte still und getrost weiter. Da kam eines Tages von Direktor Egmont Harms ein Brief, wenn Winfried fertig wäre, möchte er ihn gern in seiner Nähe haben, ob mir das recht wäre. Ja, was sollte ich sagen, es war ja anders, als ich dachte, aber es war wohl Gottes Weg.

Aber als er fertig war im Missionshaus, da schrieb ich an Herrn Direktor, Winfried könnte doch unmöglich jetzt bei seiner Jugend (21 Jahr) schon eine Station bekommen, er möchte ihn doch noch einige Jahre auf die Universität schicken, und das tat er auch, ich hatte dann so meine bestimmten Pläne dabei. Dann kam eines Tages Missionar Peters von Jericho und sagte, er wäre meines Mannes Nachfolger und ich sollte nach Berseba, dort waren die Witwensitze. Mein Walter war auch von Deutschland gekommen und war in Stellung bei unserm Kaufmann Makenzie, aber da ich in Berseba etwas Land hatte, sollte er mit und das bewirtschaften. Es war ein schwerer Abschied von meiner lieben Heimat, mein liebes Grab musste ich allein dort lassen. Am Nachfolger habe ich nicht viel Freude gehabt, er und seine Frau, die Gemeinde zerfiel unter ihm und viele von den Gemeindegliedern schlossen sich den Sekten an, die damals so sehr wühlten.

In Berseba war es ganz nett. Missionar Schepmann war sehr gut zu mir. Elli, die einige Jahre in Natal, Wartburg bei einer Familie Reiche in Stellung gewesen, kam nun auch zurück, sie unterrichtete mein kleines Gustchen, denn Emmchen war vor 2 Jahren mit einer Familie Dahlem nach Deutschland gereist, sie wohnte bei meiner Schwester Auguste mit den andern zusammen, und besuchte die Schule in Hermannsburg. Ich lebte nun in Berseba, konnte aber nichts anfangen.

Meine Pension reichte gerade für uns, und für die Jungen in Deutschland kriegte ich einen kleinen Zuschuss bis zu ihrem 16. Jahr, aber das reichte nicht. Ich musste und musste etwas zu verdienen. Da wollte ich nach Pretoria ziehen und junge deutsche Kaufleute in Pension nehmen. Da sagte man mir, ich wäre wohl verrückt, damals in der Zeit durfte eine weiße Frau nicht arbeiten, das war nur für die Schwarzen, jetzt ist es natürlich auch in Afrika anders. Ich wusste nicht aus noch ein. Da schrieb mir mein Bruder Werner, der Arzt in der Kapkolonie war, ich möchte doch zu ihm kommen. Nach vielem Überlegen und Bereden tat ich es auch, ich verkaufte viel von meinen Sachen, behielt nur das Nötigste

und deckte mich und die Kinder an Kleidungsstücken ein. Mein Walter musste jetzt seiner Militärpflicht genügen, entweder nach Deutschland oder nach Südwest. Er hoffte sich in Südwest dann ansiedeln zu können, und so schrieb ich an den Gendarmen von Lindequist in S.W. und bat um seinen Rat. Dies Schreiben an Lindequist setzte mein Willi mir auf, das hätte ich wohl nicht fertiggebracht.

Lindequist schrieb sehr freundlich wieder, der Junge sollte nur ruhig kommen, und er sollte auch gleich zu ihm kommen. Also Walter nach Südwest und ich mit meinen beiden Töchtern Elli und Gustchen nach der Kapkolonie, nach De Rust. Die Reise nach dort war herrlich, durch tiefe Flüsse und entsetzlich steile Berge, wo kaum die Bahn herüberkommen kann. De Rust liegt in einem Kessel, rings herum hohe Berge, manche so hoch, dass bis in den Sommer Schnee drauf lag. Unten am Berge langs lief ein großer Fluss, es lagen dicke Steine drin. Darauf ging man durch, sonst war keine Drift da, wo man durchgehen konnte. Sah man die Steine herausgucken, konnte man ruhig durchgehen, sah man sie nicht, war es lebensgefährlich, dann war es ein furchtbar reißender Strom, der alles mit fortriss. So ist auch meines Bruders Vorgänger umgekommen, der Krankenbesuche mit seinem Wagen gemacht. Als er zurückkam, war der Fluss voll, er wollte es aber wagen und fuhr hinein. Der Strom packte ihn und riss ihn mit, und erst nach Tagen konnte seine Leiche geborgen werden. Und dies alles geschah vor den Augen seiner Frau, die auf der Veranda ihres Hauses stand und auf ihn wartete. –

Wir fanden sehr viele nette Burenfamilien dort, auch viel feiner als unsere in Transvaal. Elli fand netten Verkehr und mein kleines Gustchen kletterte mit ihren Freundinnen auf den Bergen umher, sie ging dort auch in eine holländische Schule. Der Lehrer besuchte uns öfter, er war einige Jahre in Deutschland gewesen und sprach Deutsch. Die Buren dort hatten alle große Straußenfarmen.

Für mich schreckliche Tiere. Wo man auch hinwollte, man musste durch solche «Straußenfenz», große Flächen Land die von sehr hohen Zäunen umgeben waren, aber wenn dies langbeinige Vieh angerast kam, hatte ich wenigstens immer das Gefühl: «Jetzt springt er über und zertritt dich», einfach grässlich. Wenn die Leute wussten, dass ich kommen wollte, so schickten sie mir jemand entgegen.

Wie lange wir da waren, weiß ich nicht mehr recht, aber ich glaube nur 1 Jahr. Da wurde es meinem Bruder langweilig, er hatte nur Landpraxis, da zogen wir nach Uitenhage, ein Vorort von Port Elizabeth. Die großen Geschäftsherren fuhren morgens in die Stadt und kamen Abends wieder zurück. Es waren Hospitäler dort und mein Bruder hatte sehr viel zu tun. Wir fanden auch netten Verkehr, Gustchen musste nun in eine englische Schule. Eines Tages hörte ich, wie jemand in das Wartezimmer ging (außer der Sprechstunde), und gleich darauf hörte ich, wie mein Bruder sagte: «Da wird meine Schwester sich freuen.» Er kam mit einem freundlichen Herrn herein und stellte ihn als Pastor Müller vor, deutscher Pastor in Port Elizabeth.

War das ein netter Nachmittag. Er erzählte uns, er stammte aus Verden, und ich erzählte ihm, ich wäre in Verden zur Schule gegangen und hätte noch Freunde dort, ein Frl. Meiners. Er sagte, seine Frau, die auch aus Verden stammte, wäre auch mit einer Frl. Meiners befreundet, und da stellte sich heraus, dass ich mit der ältesten Frl. Meiners befreundet und seine Frau mit der jüngsten, es war zu nett und er wollte mir seine Frau auch bald bringen, er hätte hier viele Kranke aus seiner Gemeinde im Hospital, die hätten ihm erzählt, sie hätten einen deutschen Arzt. Nach kurzer Zeit kam seine Frau, ach das war auch zu schön, wir freundeten uns richtig an und die Freundschaft hält noch heute an. Ich musste ihr auch versprechen, mein kleines Gustchen zu schicken, sie hätte auch eine kleine Tochter, und das tat ich auch. Ich setzte Gustchen Sonnabend, wo keine Schule ist, in den Zug, übergab sie dem Schaffner und in P.E. wurde sie von Tante Elisabeth abgeholt. Sonntagmorgen fuhr ich mit dem großen Zuge und kam recht zur Kirche, mein Willi war ja auch dort, dann genossen wir es und Abends fuhren wir wieder zurück. Wenn wir sonntags zu Haus waren, kam Willi Sonnabendnachmittag und blieb bis Sonntagabend, ach es war eine zu nette Zeit.

Mein Buch hat etwas still gelegen, es ist eine sehr bewegte Zeit jetzt, da unterbleibt manches, sicher das Schreiben. Wir haben ja den großen Seekrieg mit England, gebe Gott, dass er bald beendet, dann noch der Landkrieg und dann ist, will's Gott, der Friede und die Ruhe da. Er wolle uns ferner gnädig sein, wie Er es bisher gewesen, ganz wunderbar hat Er Seine Hand über uns gehalten.

Gerade so, wie Er sie über mich gehalten hat, mein ganzes Leben. Ich kann es nicht alles so schreiben,

aber was ich auch vorhatte und tun wollte und musste, Er half mir! Mein ganzes Leben kann nur ein Dank gegen meinen gnädigen Herrn und Heiland sein! Und jetzt in meinem Alter, ich bin jetzt 82 Jahr, wie hilft Er mir und ist stets bei mir in meiner großen Einsamkeit. Denn das ist das Schwerste jetzt für mich, dies Alleinsein. Winfrieds sind ja in Afrika, ihre Liebe kann mich nicht mehr so umgeben, wie es hier war, und mein Gustchen kann auch nicht immer hier sein und kommen, denn sie hat auch einen Haushalt, aber so oft sie mal kann, kommt sie mal hierher nach Hermannsburg und sieht nach mir, das ist dann ein Festtag für mich. Hermann wohnt in Düsseldorf, das ist auch zu weit, auch er hat viele und große Arbeit, da ist es mit dem Kommen nichts. Na, ich will versuchen, ob ich weitererzählen kann.

1908

Mein Bruder wollte gern Australien noch kennen lernen und nach dort. Ich glaube drei Viertel von der Welt hatte er schon bereist, aber dorthin konnte ich doch unmöglich mit und so beschloss ich nach Deutschland zu fahren. Gustchen musste doch auch in eine richtige deutsche Schule und Elli kränkelte viel, die sollte mal in eine ordentliche Behandlung. Ich dachte dann, wenn Winfried hierher käme, dann könnte ich mitkommen und die Kinder, wenn ihre Ausbildung beendet, kämen sie einer nach dem andern auch zurück. Ja, der Mensch denkt und Gott lenkt. Meine Sachen stellte Willi irgendwo unter und ich nahm nur das Nötigste mit. Es war ein deutsches Schiff, mit dem wir fuhren, die «Windhoek», damals noch das kleine, jetzt ist es eins der größten Schiffe. Pastor Müllers Zeit in P.E. war auch bald um, dann kamen sie auch zurück, und wir konnten dann in Deutschland unsern Verkehr fortsetzen.

In Kapstadt kamen eine ganze Menge Passagiere an Bord,

lauter Deutsche, 1 englischer Missionar, 1 Berliner Missionar Reuter mit Töchtern, der Herrnhuter Superintendent von Calker, ein Dr. Heinrich, Frau Missionar Witwe Herbst mit 3 Kindern und noch andere. Als das Schiff schon beinah drehte, kam noch ein Missionar an Bord und brachte seinen kleinen 10-jährigen Sohn zu von Calkers, damit er in Herrnhut erzogen würde. Er schloss ihn nochmal fest in die Arme, drehte sich um und ging weg, und der Junge schrie: «Papa, Papa nimm mich wieder mit. «Dann setzte die Musik ein, und wir taten alles, um den kleinen Mann zu beruhigen, aber ich musste immer an den armen Vater denken, der nun immer dies Schreien noch hört, so Kinder vergessen ja schnell, besonders wenn sie viel Neues sehen.

Am andern Tag war ich sehr seekrank, die andern wohl auch, die Ecke bei Kapstadt ist so recht geeignet für so was, entsetzliches Schaukeln. Na, endlich wurde es mit mir besser, ich konnte zuletzt nur noch Blut erbrechen, der Doktor kam jeden Tag, aber gegen seekrank gibts kein Mittel, das muss sich austoben. Ich hatte ja die ganzen Tage nichts gegessen, da fühlte ich eines Morgens Hunger, ein gutes Zeichen, ließ dann die Stewardess rufen, die mich anzog und dann wurde ich auf Deck gebracht, wo ich mich an der herrlichen Luft erquickte. Ich hatte ganz furchtbaren Hunger nach was Salzigem. Ich hatte ein ganz Teil Buildong[1], trocknes Rindfleisch, mitgenommen, das wollte ich den Kindern in Deutschland mitbringen, darnach hatte ich jetzt Hunger, komisch, und in Afrika setzte ich meinen Mund nicht dran. Elli holte mir was und ich aß herrlich. Da sagte Gustchen, an der andern Seite säße der englische Missionar, er sähe schrecklich elend aus, er war auch so

---

[1] Biltong.

lange seekrank gewesen. Ich gab Gustchen 1 Stück Fleisch, mit einem Gruß von mir und er möchte dies mal probieren. Gustchen sagte, o wie hat er sich gefreut, er fing gleich an zu essen. Dann kam seine Frau und sprach ihre Freude aus und brachte mir eine Tasse herrlichen Tee. Es war ein zu netter Verkehr auf dem Schiff, ich glaube 17 Kinder waren da, das gab immer Leben, dieser Dr. Heinrich war sehr kinderlieb, er beschäftigte sich viel mit den Kindern. Der kleine Gerhard Herbst hielt sich viel bei den Stewards auf, er holte Wasser, trocknete Geschirr ab und war immer bei ihnen, es war zu drollig. Auch Gustchen hatte Freundschaft mit unserm Steward geschlossen, der bei Tisch bediente, bei uns und in der 1. Klasse. Da bekamen sie ja mehr Obst, und Torten und sowas, und dann brachte er ihr manchmal was mit und legte es ihr aufs Bett. Und als wir auseinandergingen, schenkte er ihr eine ganz reizende Puppe.

Unsere Reise ging gut von Statten und wir kamen nach Antwerpen, da musste erst der Hafenarzt an Bord kommen und sehen ob alles gesund war auf dem Schiff, eher durften wir nicht einfahren. Na, wir sahen ihn denn auch mit dem Lotsen auf einem Kahn da hinten ankommen. Da rief Dr. Heinrich die Kinder und sagte ihnen, wenn der Doktor käme und uns untersuchte, dann sagte er: «Steck mal deine

Zunge aus,» nun wäre es am einfachsten, sie stellten sich hier alle auf und steckten die Zunge heraus, dann konnte er es in eins sehen. Na das geschah. Als das Boot anlegte, wurde die Strickleiter heruntergelassen und da guckt ein Kopf über die Reeling und bleibt erstarrt stehen, denn da stehen 17 Kinder und stecken ihm die Zunge aus. Da trat Dr. Heinrich vor und sagte: «Herr Kollege, das habe ich so angeordnet, um Ihnen die Arbeit zu erleichtern», aber der Schalk guckte aus seinem Auge.

Glücklicherweise hatte der Doktor Sinn für Humor, er lachte, und kletterte erstmal herüber und bedankte sich bei Dr. Heinrich und dann schritt er die Kinderreihe ab und sagte, sie könnten die Zungen nun wieder einziehn und dann gabs ein großes Lachen.

Von Antwerpen weiß ich nicht mehr so viel, wir waren in der Stadt und Kathedrale, dann gings weiter nach Bremerhaven zu. Viele Reisende hatten das Schiff verlassen, die mit der Bahn weiter wollten. Ach, und wir kamen der Heimat ja immer näher. Unser Schiff sollte am Sonntagabend in Hamburg ankommen. –

9. Mai 1940

Mein Buch hat wieder lange still gelegen, man hat in dieser Zeit gar keine Lust zu was, es ist alles so unruhig, der Krieg in Norwegen geht weiter und England kriegt feste seine Hiebe, aber es gibt nicht auf, immer versucht es ein neues Verbrechen. Ja, ehe ihm nicht ganz richtig der Hals gebrochen ist, gibt es keinen Frieden.

Gott ist so sichtbar mit uns und segnet unsere Waffen, möchte Er ferner bei uns bleiben und uns nicht verlassen. Ach und möchten wir, unser ganzes liebes deutsches Volk Ihm allein die Ehre geben und Ihm anbetend danken! Wir müssen geduldig weiter gehn, und Ihm alles befehlen.

Ich will nun weiter erzählen, und da muss ich nochmal wieder zurückgehn. Als unser Schiff, die «Windhoek» in Las Palmas ankam, kam deutsche Post an Bord. Ich bekam einen Brief von meinem lieben Bruder Albert aus Celle. Er schrieb, die Missionsleitung hätte beschlossen, Winfried nach vollendetem Studium nach Indien zu senden, aber ich sollte den Ausschlag geben! 0 war das ein Schlag! Alle meine Pläne fielen ins Wasser, dann konnte ich ja auch nicht zurück nach meinem geliebten Afrika. Es hat lange gedauert, ehe ich mich durchgerungen hatte, aber dann konnte ich getrost sagen: «Wie Du mich führst, so will ich gehen,» ich legte mich und mein geliebtes Kind in Seine Hand.

So kamen wir nach Bremerhaven. Das Schiff sollte Sonntagabend in Hamburg sein. Da baten die Matrosen den Käpt'n, ob wir nicht schon am Sonntagmorgen in Hamburg sein könnten, dann hätten sie einen schönen Tag vor sich. Der Käpt'n erlaubte es und wir fuhren auf Volldampf, tuteten und schickten Bescheid nach Brenerhaven, dass wir kämen. In Bremerhaven musste wieder der Hafenarzt kommen und untersuchen, ob alles gut und wir einfahren konnten. Etwa um Mittag waren wir da und warteten, wer nicht kam, war der Arzt. Es wurden Signale gegeben, aber er kam einfach nicht. Die Stimmung war gräulich, die Offiziere schalten nach allen Richtungen, aber nichts half. Dann kam ein furchtbarer Nebel auf, und ich war ganz froh, dass ich ins Bett konnte. Am andern Morgen hörte ich eine Stimme unterm Fenster: «Lassen Sie mal die Treppe herunter, aber ein bisschen plötzlich.» Ich dachte: «Was ist los?» Guckte durchs kleine Fenster, da stand ein Mann in einem Kahn und wollte auf's Schiff. Sie hatten die Strickleiter herunter gelassen, aber das passte ihm nicht, er wollte die Treppe haben. Wir zogen uns an und gingen die Treppe hinauf, da war es denn richtig der Arzt. Er untersuchte aber nur die Mannschaft und Zwischendeck, dann schob er wieder ab und nun konnten wir auch weg.

Der «Erste»[1] war aber so erbost, dass er fragte, ob nicht jemand ein faules Ei hätte, um es ihm nachzuschmeissen. Glücklicherweise hatten wir keins. Als wir wieder in die offne See kamen, guckten 2 große Masten aus dem Wasser. Gestern Abend bei dem Nebel hatte ein englisches Schiff ein anderes gerammt, und es zum Sinken gebracht. Da war ich doppelt dankbar, dass wir den Abend und die Nacht im Hafen gelegen hatten, denn sonst hätte es uns auch so gehen können. Den Engländer sahen wir auch, er war auch schwer beschädigt, und steckte die Nase tief ins Wasser, wir fuhren vorbei und kamen dann in die schöne liebe Elbe.

Nun muss ich nochmal zurückgehn und erzählen. Wir hatten Gefangene an Bord. Einen sehr vornehmen, reichen Farmer aus Südwest. Er hatte einen Kaffern auf seiner Farm verhungern lassen (er wird wohl noch mehr auf dem Kerbholz gehabt haben, denn er war berüchtigt wegen seiner Härte gegen die Arbeiter), er hatte den Kaffern an einen Baum gebunden und keiner durfte ihm was zu essen geben so viel er auch schrie und bettelte, bis er tot war. Da wurde der große Herr aber verklagt und das Gericht in Windhoek verurteilte ihn zu 15 Jahren Zuchthaus, die er in Deutschland absitzen sollte, es war ein Deutscher. Nun war er auf dem Wege nach dort. Seine Frau war in einem Schiff vor uns nach Deutschland gefahren, sie wollte einen Fußfall vor dem Kaiser tun, ob es ihr geglückt ist, weiß ich nicht. Na, dieser Große kam aber auf dem Schiff nicht ins Gefängnis, sondern ins Hospital, er wird wohl gehörig bezahlt haben dafür. Er und sein großer Hund waren immer an Deck. Im Gefängnis saßen 2 oder 3 Portugiesen. Bei einem furchtbaren Sturm wurde bei Lüderitzbucht ein Schiff auf die Klippe geworfen und konnte nicht wieder

---

[1] Offizier.

110

herunter ins Wasser, es musste abgetakelt werden. Da gingen die Bergner hin und holten sich Lebensmittel vom Schiff, und dabei wurden diese abgefasst und auch nach Deutschland geschickt, um ein bisschen Wurst und Speck! Die kamen jeden Nachmittag 2 Stunden auf Deck, aber der Posten immer hinter ihnen, direkt zum Lachen. Na ja, mit dieser Gesellschaft fuhren wir also nach Hamburg.

0 wie war die Fahrt auf der Elbe schön. Und im «Alten Land» blühten die Obstbäume ganz herrlich, ich musste so weinen, als ich mein liebes altes Heimatland wieder sah. So um Mittag kamen wir an.

Am Hafen stand eine dichte Menschenmenge, die ihre Angehörigen wohl abholen wollten, ich sah meinen Bruder Albert auch stehen, und neben ihm einen Mann, der uns auch strahlend zunickte, ich wusste nicht, wer es war. Da verkündete der «Erste»: «Keiner an Bord, und wenn's der Kaiser wäre!» Ja, nun stand alles und guckte. Da kamen 4 Herren in Civil herauf und verschwanden im Innern. Wir hörten, es wäre die Polizei, die Gefangenen kämen erst weg, sie werden wohl an der andern Seite heruntergelassen sein, denn wir sahen nichts von ihnen, haben auch nie von ihnen wieder was gehört. und dann kam es an Bord! 0 das war ein Jubel! Und dann wurde ich umgehakt und einer rief: «Mutter» und der junge Mann war mein eigner Junge Werner, der mit Albert gekommen war. 0 wie war dies schön, dies Wiedersehn. Dann verabschiedeten wir uns von allen lieben Freunden und gingen in ein kleines Hotel zum Übernachten und am andern Morgen gings los, erst bis Uelzen, wo Hermann auf dem Gymnasium war, Werner war ja auch da gewesen. Es war ein großer strammer Junge geworden, aber er guckte mich öfter so von der Seite an, als ob er sagen wollte: «Bist du nun meine Mutter?» Aber es dauerte nicht lange dann wussten wir voneinander

111

Bescheid. Dann gings bis Unterlüss, da fuhr Albert wieder nach Celle und wir stiegen aus, mein liebes Emmchen stand da, uns in Empfang zu nehmen. Dies Glück, als wir uns wieder hatten, sie war auch tüchtig gewachsen.

Dann nahmen wir uns einen Wagen und fuhren nach Hermannsburg, meiner lieben neuen Heimat zu, und dann kamen wir an, und meine Schwester Auguste stand in der Tür und nahm uns in Empfang!

So nun will ich erst verschnaufen, denn nun kommt nicht sehr Erfreuliches und ich muss mir erst Kraft holen. -

So nun kann es weiter gehn, aber liebste Kinder, ich bitte Euch von Herzen, dies ist nur für Euch, am liebsten schrieb ich nichts davon, aber ich kann es sonst nicht deichseln.

Ich hatte mir ja gedacht, ich wollte und könnte bei meiner Schwester wohnen bleiben, vielleicht oben im Häuschen, und wir könnten zusammen arbeiten. Denn sie war doch Diakonisse gewesen und deshalb zogen sie die Ärzte auch bei besonderen Fällen mit heran, und sie arbeitete treu in der Gemeinde an den Kranken. Da hätte ich ja den Haushalt führen können, aber das passte ihr nicht. Sie sagte mir, ich wäre nur gekommen, ihr die Kinder wegzunehmen, ach und ich hatte gedacht, wir wollten uns gemeinsam dran freuen, ich sollte allein in Afrika sitzen und meine Kinder alle in Deutschland - nein, niemals. Auch bei den «Freunden» (wie ich früher dachte!) ging es mir ebenso. Was ich denn hier wollte? Ja ich wollte doch arbeiten und was verdienen, um für meine lieben, lieben Kinder sorgen zu können. Na ja, es würde sich in der « Inneren Mission» wohl irgendwo eine Arbeit für mich finden. (Ob als Scheuer- oder «Putzfrau» oder «Schreiber» weiß ich nicht!) Und meine Kinder? 0 für die findet sich auch Arbeit auf den Höfen irgendwo! Ich sagte: «Nein, das leide ich auf keinen Fall, die Mädchen machen die Schule durch und kriegen ihr Abgangszeugnis (gleich mit dem heutigen Abitur!) und dann sollen sie sich einen Beruf wählen, was sie werden wollen. Die Kinder bleiben bei mir und ich bei den Kindern. «Ja,» sagten sie, «du bist die vornehme Frau geworden und willst hoch hinaus. «Nein, ich bin nicht die vornehme Frau, ich bin eine ganz arme, einfache Missionarswitwe, aber da die Kinder einmal ihr Brot verdienen müssen, will ich ihnen helfen, und ich will ihnen die Heimat geben, die ich in meinem Elternhause gehabt habe.» Nichts half, ich war und blieb die hochmütige Frau. Den ersten Streit hatte ich ja schon von Afrika gehabt, als ich es durchsetzte, dass Werner und Hermann aufs Gymnasium kamen, für uns arme Missionsleute war das Hochmut! Die Jungen sollten Knechte und die Töchter sollten Mägde auf den Höfen werden, nein, mit meinem Willen nicht!

Na, das wurde mir ja bald klar, dass meines Bleibens hier in Hermannsburg nicht war, keiner, aber auch keiner nahm sich meiner an.

Dann reiste ich für einige Wochen nach Hessen, der Heimat meines geliebten Mannes. Dort erzählte ich einer sehr lieben Freundin, Frau Pfarrer Biskamp, alle meine Sorgen, und dass ich weg wollte von Hermannsburg. Erst hätte ich an Göttingen gedacht, aber das ist noch zu nahe bei Hermannsburg, ich kenne viele dort, und ich wollte gern weit weg, damit, wenn es doch schief gehen sollte, sie in Hermannsburg nicht davon erführen, und ich hätte an Kassel gedacht. Aber da sagte sie, Kassel wäre ein teures Pflaster, und ob ich dort immer Pensionäre bekäme, wäre fraglich, ich sollte doch nach Marburg gehen und Studenten nehmen. Wir besprachen alles mit einem befreundeten Pfarrer (leider ist mir der Name entfallen, aber Winfried kennt ihn) und er riet mir sehr zu Marburg. Er gab mir die Adresse von Prof. Mirbt und Pfarrer Herrmann. Ich schrieb dann an die Herren, wer ich wäre, was ich wünschte und möchte und hoffte, und ob sie mir dazu raten könnten.

Sie schrieben beide sehr lieb wieder, Hirbt schrieb, ich möchte dann gleich zu ihm kommen und Herrmann schrieb, er hätte schon mit seinem Sohn, der auch Student war, gesprochen, ich möchte ruhig kommen, und ich war so froh und dankbar!

Als ich wieder zurück nach Hermannsburg kam, sagte ich meiner Schwester von allem Bescheid, da war's natürlich wieder nicht recht. Dann reiste ich mit Elli in den Harz, wegen ihrer Gesundheit und dann kam auch Winfried nach dort und zuletzt Hermann noch ein paar Tage, die beiden Mädchen hatten es unterdes hier nicht sehr leicht. Winfried war so glücklich, dass ich da war, «es ist nachgerade Zeit, dass du gekommen bist.» Ich nahm nun das Heft in die Hand, besonders wegen der Kinder. Emmchen hatte so viel Kopfweh, ja das hatte sie nun einmal, da war nichts zu machen, es war auch erblich, denn mein Mann litt dran und mein Vater, also von 2 Seiten. Aber ich ging mit ihr zum Arzt und ließ sie mal gründlich untersuchen. Da war sie sehr blutarm und sollte viel Milch trinken, das musste sie denn auch, ich holte die Milch von Lassmanns. Und wenn es zu schlimm war, ließ ich sie sich hinlegen. Na, so ging der Winter hin, ich ging mit zum Missionsnähen und arbeitete fleißig.

1909

In Marburg mietete mir eine andere Frl. Biskamp eine sehr nette 6-Zimmerwohnung, gleich neben ihrer Wohnung an und Elli ging vor Ostern hin und richtete alles ein, ich musste mir das Geld für die Einrichtung leihen, aber es klappte alles, ich hatte 500M. und ich konnte manches, z.b. Bettstellen und Küchenmöbeln gebraucht kaufen, viele liebe Freunde in Marburg halfen. Ich zog dann zu dem «Zauberkünstler Prof. Bekachino», den Namen werdet ihr alle gehört haben. Emmchen und Gustchen blieben in Hermannsburg auf der Schule, es war Emmchens letztes Schuljahr hier, dann hatte sie die Schule durch und sollte dann in Hermannsburg erst konfirmiert werden von unserm lieben Pastor Ehlers.

Also um Ostern zog ich nach Marburg, meine Schwester wollte gern, dass ich im Sommer zum Missionsfest wieder nach hier käme, aber das lehnte ich ab, dazu war die Reise zu teuer und zu weit. In Marburg hatte Elli alles sehr hübsch eingerichtet, und was noch fehlte, machten wir dann zusammen. Ich war bei Prof. Mirbt und Pfr. Herrmann gewesen und beide halfen mir. Ich wollte gern «Ausländer» haben, deren Sitten kannte ich besser, an das Deutsche musste ich mich erst wieder gewöhnen. Eine Dame hatte auch ausländische Studenten, und an die wandte ich mich und bat um ihren Beistand. Sie war sehr lieb und nett und wir freundeten uns richtig an, und sie schickte mir gleich 2 Amerikaner. Eine Dame hatte Elli schon bekommen, die bekam aber nur Kaffee des Morgens, dann war sie den ganzen Tag weg. 0 wie ist Marburg schön, ich kann es gar nicht genug loben. Und der ganze Ton unter den Leuten, so anders als in Norddeutschland und in Hermannsburg. Wie lieb bin ich von allen aufgenommen! Und noch bis heute hält die Freundschaft mit Marburg an.

In den Sommerferien kamen meine beiden lieben Mädchen aus Hermannsburg und dann kam noch Winfried in den Ferien, es war eine zu schöne Zeit. Unser Haus stand ja neben Frl. Biskamps, wir konnten uns gegenseitig in die Speisekammer gucken. Wenn wir nun etwas planten, einen hübschen Spaziergang, dann pfiff Winfried in der Speisekammer das Lied der «Philadelphen» (er gehörte zur Verbindung der Philadelphen), «Ein Sträusschen am Hute,» dann hörte Malchen B. es in ihrer Küche und kam ans Speisekammerfenster und dann wurde verabredet. Ach, es war zu schön. Als meine Dame abgezogen war, bekam ich eine Familie aus Amerika, 3 Personen. Aber die Dame, die mir die Studenten zugewiesen, meinte, ich wohnte zu weit von der Universität, der «Wehrdaerweg» war weit, ich sollte lieber ins Südviertel ziehn, da in ihre Nähe. Es tat uns ja schrecklich leid, wir waren so gern in unserer Wohnung, aber das andere war wichtiger, und Winfried und Elli mieteten uns eine sehr schöne Wohnung im Südviertel, «Friedrichsplatz».

Ich hatte am Wehrdaerweg immer ein besetztes Haus. So Durchreisende, die sich Marburg ansehen wollten und auch oft nur Tischgäste. Das «Philippshaus» (Vereinshaus) war noch nicht gebaut, erst später.

Einmal hatte ich eine Engländerin, sie hatte so was von einer «Spinne» an sich und deshalb nannten wir sie die «Spinne», die verliebte sich in einen meiner Herren, einen Amerikaner, wir mussten ja lachen und er auch, aber schließlich musste ich doch dazwischen fahren und ihr energisch den Kopf waschen, da zog sie ab. Viele liebe Menschen habe ich gehabt. Auch mal einen hohen Geistlichen da bei Heidelberg, den schickte Mirbt mir, der hatte auch von Hermannsburg und L. Harms gehört, ja es war schön. In den Weihnachtsferien kamen meine beiden lieben Mädchen aus Hermannsburg und Winfried aus Leipzig, er war im 4. Semester. Ach, es war so schön dies Zusammensein, wir genossen es so recht.

1910

Da kam am 2. Januar, als wir gerade Gustchens Geburtstag feierten, eine Depesche von Pastor Robbelen aus Hermannsburg, dass meine Schwester Auguste sanft entschlafen sei! Das war ein Schlag. Wir rüsteten nun zur Reise nach Hermannsburg. Frl. Biskamp sollte mein Haus mit bewachen, und da gerade vor Weihnachten die amerikanische Familie abgereist war, ging alles ganz gut. In Hermannsburg war mein Bruder Albert schon, Schwester Auguste hatten sie am Morgen des 2ten tot im Bett gefunden, ein Herzschlag. Sie lag da so ruhig und sah so gut aus.

Zur Beerdigung kamen sehr viele Verwandte auch meine lieben Jungen Werner und Hermann. Albert sagte mir, dass kein Testament da wäre. Nun hatte Auguste mir immer gesagt, das Haus bekäme ich, das wäre alles in Ordnung, und ich nahm es auch an, da mein Mann es doch mit gebaut hatte, und er hatte sicher dabei an mich gedacht, denn er sagte zu mir: «Du wohnst dann später mit den Kindern zusammen.» Na nun erbten wir Geschwister ja gemeinsam.

Albert meinte, das Beste wäre, wir verkauften das Haus, na ja. Wir vermieteten dann erst das Haus, Emmchen und Gustchen kamen zu Haccius in Pension und ich reiste wieder zurück nach Marburg. Zu Ostern zur Konfirmation wollte ich wiederkommen. Nun ging mir das so viel im

Kopf herum, dass das Häuschen verkauft werden sollte, und da bat ich Albert, ob ich das Haus nicht bekommen könnte. Ja gern, da schenkten es meine Brüder mir. Als ich Ostern kam, nahm ich allerhand Möbeln mit, anderes stellte ich bei Freunden unter, vieles verschenkte ich, und so konnten wir Ostern richtig das Haus vermieten. Emmchen ging mit nach Marburg, Gustchen blieb in Hermannsburg bis auch sie konfirmiert würde. Weil hier die Konfirmation immer am Sonntag nach Ostern (Weisser Sonntag) ist, so kam Emmchen 1 Tag zu spät zur Schule in Marburg, ich hatte es aber dem Direktor gesagt vorher.

Sie erregte große Bewunderung in ihrer Klasse, als die Mädchen hörten, dass sie aus Afrika kam, sie fragten sogar, ob sie denn auch schwarz gewesen (denn Afrika ist doch der schwarze Erdteil!) « Ja», sagte sie, «das seht ihr doch an meinem Hals.» Ich lachte, als sie es mir erzählte und sagte: « Wie kannst du sowas sagen», aber sie meinte, auf einen groben Klotz gehörte auch ein grober Keil, wenn sie <u>so</u> dumm fragten. Turnen durfte sie nicht mit, weil sie sehr zart war, ich musste sie erst ein bisschen herauspflegen und gab sie mal in ärztliche Behandlung, das tat denn auch gut und später durfte sie mitturnen.

Da kam ein Brief von Missionsdirektor Haccius, Winfried sollte jetzt nach Indien. Wir waren entsetzt, denn ich wollte doch, er sollte die 2 letzten Semester noch auf der Universität zubringen. Ich ging zu Prof. Mirbt und erzählte ihm alles und bat ihn, ob er mir nicht helfen könnte. Aber er konnte es nicht, und meine Bitten bei Haccius halfen auch nichts. Ein alter Missionar hatte ihn gänzlich eingeseift, was der sagte, tat Haccius und dieser alte Missionar hat viel Unheil in der Mission angerichtet. Er lebt noch und zwar hier in meiner Nähe, ich sehe ihn nicht, und ich will auch den Namen nicht nennen, Winfried wird wohl wissen, wen ich meine. Er hatte zu Haccius gesagt, Winfried könnte ja die letzten Semester in Madras zubringen. Also nichts zu wollen, wir mussten für die Ausrüstung sorgen und dann reiste mein geliebtes Kind ab nach Indien. Ich will gleich erzählen, dass in Madras auf der Universität nur Inder waren und ging kein Europäer hin. Aber sonst hat er mit großer Freude und viel Segen dort gearbeitet, fand dort auch seine liebe Frau, eine schwedische Missionarstochter. Er hatte die Leitung einer großen Schule, woran 17 Bramahnen mit unterrichteten. Mein lieber Junge hat solch ein reiches Leben, noch jetzt, dass er auch darüber mal ein Buch schreiben könnte, sagt es ihm nur mal! Und ich machte meine Pläne, alle 8 Jahre bekamen die indischen Missionare 2 Jahr Urlaub in der Heimat hier und dafür hatte ich mir allerlei vorgenommen und habe es auch durchgeführt, aber davon später.

Noch während Winfrieds Hiersein kam auch mein Sohn Walter aus Afrika auf Urlaub. Er war doch in Südwest, hatte den «Herero-Aufstand» mitgemacht, und sich dabei sehr überanstrengt, dass er eines Tages umfiel und Krämpfe bekam, die er nie wieder verlor, er ist bis heute «Epileptiker». Jetzt sollte er 6 Monate nach Deutschland zur Erholung. Ich ging mit ihm zu verschiedenen großen Ärzten, aber

gegen Epilepsie hat die Wissenschaft noch kein Mittel gefunden. Aber trotzdem war es eine schöne Zeit, er war noch mit Winfried zusammen. Hermann, der die Seemannsschule in Elsfleth besuchte, kam auch mal, und Werner auch, wenn er länger Urlaub hatte.

Es war ein arges Leben im Hause, immer alles besetzt, es gab viel Arbeit, viel zu bedenken und zu überlegen. Prof. Mirbt nahm sich meiner sehr treu an, z.B. bewirkte er es, dass ich nur ein ganz klein bisschen Schulgeld zu bezahlen brauchte. Jetzt hatte ich viele Schotten in Pension, auch noch Amerikaner, auch Russinnen, und einmal einen Franzosen, da hatte ich genug dran. Wir nannten ihn die «Reichsarmee". Als Frankreich kapituliert hatte s. Zt., da rotteten sich noch so Haufen zusammen, sie trugen Civil, einen hohen Hut und unter dem Arm einen Regenschirm, und ganz genau so ging unser Mann auch, seinen Namen habe ich vergessen, ach wir hatten viel Spaß mit ihm. Eine Russin hatte ich, die musste ich herausschmeißen. Sie hatte Sonntagmorgen in ihrem Zimmer große Wäsche gehalten, die ganze Kammer schwamm. Da kam das Mädchen Lisbeth zu mir und sagte, sie machte das Zimmer heute nicht in Ordnung. Ich ging mit und sah die Bescherung, ich war auch empört. Ich sagte ihr, heute wäre Sonntag, ein Feiertag, da täte man solche schmutzige Arbeit in Deutschland nicht, und wenn sie waschen wollte, wäre dazu die Waschküche da. Sie wurde frech und wir kamen hart aneinander und ich sagte ihr, sie müsste sofort die Wohnung verlassen und sich ein anderes Unterkommen suchen. Ja das täte sie auch, und fand irgendwo eine kleine Dachkammer. Und einmal hatte ich einen Engländer, den musste ich auch erst erziehen. Er rekelte sich in meinem Zimmer auf dem Sofa, als ich hereinkam. Ich war starr, da sagte er lächelnd: «Ich ruhe mich ein bisschen.» Ich sagte: «Ja, das müssen Sie in Ihrem Zimmer tun, nicht in meinem. In Deutschland ist es keine Sitte, dass die großen Söhne sich auf dem Sofa ihrer Mutter räkeln, meine Söhne würden das nie tun.» Ich wüsste ja nicht, ob sie das in England täten, aber er wäre jetzt in Deutschland und müsste sich nach uns richten. Na da stand er denn auf und ging in sein Zimmer und wenn er dann in mein Zimmer kam, musste ich immer erst sagen: «Setzen Sie sich», und er nahm einen Stuhl.

Ja dies Leben hat mir viel Freude gemacht, ich hatte auch meist liebe Menschen, ich kann ja nicht alles so schreiben, dazu reicht das Papier und meine Kräfte nicht.

Die Umgegend von Marburg ist ja zu schön, wir machten die herrlichsten Spaziergänge, tranken auch wohl irgendwo Kaffee. Ach, einen Spaß muss ich noch erzählen. Mein Bruder Albert kam jedes Jahr in den Ferien mal vor. Er sagte immer, er müsste hier mal nach dem «Rechten» sehn, und er hatte solche Freude an meinem Haushalt und an den jungen Leuten, es war zu nett. Wenn er nun auch schon viel Schönes von Marburg gesehen hatte, einen Weg, den Bismarkweg, den kannte er noch nicht, und den wollten wir den Nachmittag gehen und in «Hansenhaus» Kaffee trinken. Der Weg ging an einem Abhang hinauf, immer höher, an der einen Seite Höhe an der andern Seite Tiefe, die Lahn floss ganz unten. An solchem Abhang hielten die verschiedenen Studentenverbindungen ihre sogenannten «Fasspartien». Da wurde ein großes Fass Bier hinaufgezogen und sie zogen mit Musik hinterher und lagerten dort und sangen und tranken. Als wir nun daherkamen, sahen wir, dass eine Verbindung dort ihre Partie hatte. Der Weg war so schmal, dass nur 2 nebeneinander gehen konnten. Ich ging mit Albert voraus, meine Schwägerin Carry war auch mit da, die kam mit Emmchen und den andern nach. Es war sehr heiß und Albert hatte seinen Hut abgenommen. Als wir neben den Studenten waren, sagte Albert: «Ja Kinder, ihr sitzt da und lasst es euch wohl sein, aber einem mal einen Schluck abzugeben, daran denkt ihr nicht.» Da sprangen die Studenten auf und kamen mit ihren Gläsern herangestürmt: «0 ja alter Herr, Prost alter Herr,» so ging es immer, und Albert trank ehrlich, bis wir dann durch waren, es war zu drollig.

Ja es war eine glückliche Zeit in Marburg. Auch der Verkehr war so nett. Gleich in der ersten Zeit kam Frau Prof. Mirbt und bat mich, in ihren Missionsnähverein mit einzutreten. Niemand nahm Anstoß daran, dass mein Mann kein Akademiker war, so kam ich zwischen lauter Professorsfrauen, wo ich doch eigentlich nicht hingehörte. Dann kam Frau Sup. Happich und lud mich in ihren Missionsnähverein, da hätte ich schon eher hingehört, alle die Pfarr- und Lehrerfrauen, aber mehr als einen konnte ich nicht, so bin ich bei Frau Mirbt geblieben. Auch zu verschiedenen Kaffees und Geselligkeiten wurde ich eingeladen, kurz, es war sehr sehr nett.

Als Emmchen mit der Schule fertig war, sie bekam ein sehr gutes Abgangszeugnis, da sollte sie nach Hamburg auf die sogenannte «Elise Averdieck» Schule, sie wollte Lehrerin werden. Da stellte sich eine «Tropenkrankheit» bei ihr heraus, ihre Elendigkeit und Schmerzen stellten die Ärzte nun endlich fest, sie hatte «Bilharzia», da sollte sie nach Tübingen, ins «Tropengenesungsheim» und der Prof. Ollp sollte sie behandeln. Sie war auch lange dort, aber da es noch kein Mittel gab gegen diese Krankheit, kam sie zurück und da sie noch nicht nach Hamburg konnte, kam sie zu einem Pastor Heintze, um den Haushalt zu lernen. Dann kam Gustchen, sie war hier auch mit der Schule fertig, und sollte in Marburg die beiden Oberklassen durchmachen, so wie Emmchen, na da wars schön, sie hat auch fleißig gelernt. Ich ließ sie auch sonst allerlei mitmachen, z.B. Tanzstunde. Ich dachte, sie müssten doch mal ihr Brot bei fremden Leuten verdienen, und je tüchtiger und gewandter sie wären, je leichter hätten sie es. Walter war auch noch da und lebte sich wohl ein, aber sein Sinn stand doch nach Afrika und als die 6 Monate Urlaub um waren, nahm er seinen Abschied vom Militär und blieb noch etwa 2 Monate hier und dann ging er wieder hinüber.

Auch Elli nahm eine Stelle in Offenbach an, und verdiente ihr Brot. Eines Tages kam eine Schwester von Frau Sup. Rappich aus Afrika an und war hier zum Besuch. Als sie wieder wegging, wollte sie Elli gern als Haustochter mitnehmen, und Elli nahm es an, für 3 oder 5 Jahre musste sie sich verpflichten, dann freie Hin- und Rückreise. Na, so geschah es denn auch, sie reiste nach Fietersburg in Transvaal.

1913

Wenn ich Besorgungen machen musste, immer «bergauf», ich musste oft stehen bleiben und Luft holen, mein Herz versagte, dazu kam, dass ich richtig Heimweh nach der Ebene, nach meiner lieben Heide hatte, diese ewigen Berge, ich konnte richtig nicht mehr. Und ich sah nie die Kinder. Wenn Hermann mit seinem Schiff in Hamburg lag und 1 Tag frei hatte, konnte er nur bis Celle kommen, aber nicht nach Marburg, ebenso Werner. Da entschloss ich mich, wieder nach Hermannsburg zu ziehen. Ich hatte 1-jährige Kündigung. Ja, das muss ich noch sagen, die Wohnung am Friedrichsplatz war neu, ich hatte sie billig, denn ich musste sie erst «trocken» wohnen, wie es hieß. Nun waren die 3 Jahre um, und der Hauswirt setzte die Miete so hoch, dass kein Gedanke dran war, dass ich sie je bezahlen könnte. Ich fragte hier bei Herrn Ottermann an, ob ich wohl die Wohnung hier bekommen könnte und er telegraphierte «kommen». Und an Albert hatte ich geschrieben und gefragt, er telegraphierte «kündigen» so ging ich zum Hauswirt und kündigte. Er sagte erst, es wäre schon zu spät, ich müsste das halbe Jahr noch bezahlen, aber ich bestritt das und endlich sah er es ein.

So zog ich 1913 wieder hierher im Herbst. Ich kriegte auch gleich einige Schülerinnen in Pension. Gustchen kam zu meiner Freundin Amalie Biskamp, bis sie ihr Abgangszeugnis hatte. Und Emmchen hatte sich so nett erholt, dass sie doch nach Hamburg kam aufs Seminar. Sie kam dort in ein sehr liebes Haus eines großen Kaufherrn Amsink, wo sie ganz als Tochter war, und die Freundschaft besteht noch.

1914

Ja, nun stehe ich staunend vor meiner gnädigen Führung meines treuen Gottes! 1914 brach der Krieg aus, Deutschland sollte vernichtet werden. Was hätte ich in Marburg wohl anfangen sollen! Kein Student, keine Arbeit, wovon hätte ich leben sollen, an Miete bezahlen gar nicht zu denken. Wie gnädig hat der Herr mich geführt, ich kann es Ihm nie genug danken!

Weil mir nun der letzte Aufenthalt hier noch etwas im Magen lag (von wegen der «vornehmen» Frau) so zog ich mich von jeglicher Geselligkeit zurück. Zum Missionsnähverein ging ich, hatte auch noch einige liebe alte Freunde hier, z.B. Westenbergs, aber sonst ganz für mich, ich hatte auch genug zu tun. Im Sommer nahm ich Fremde, die sich Hermannsburg und die Heide ansehn wollten, so hatte ich immer guten Verdienst. Pastor Haccius war sehr gut gegen mich und sorgte mit und mein lieber Bruder Albert, so treu und lieb.

Dann kam ein großes Mädchenpensionat durch Frau Sup. Bartels hierher, da nahm ich Schüler, und das hat mir viel

Freude gemacht, lauter liebe Jungen, stehe noch mit manchem in Verbindung. Aber die Zeiten wurden immer schwerer, England wollte uns ja «aushungern», jeglicher Verkehr mit der Welt draußen war abgeschnitten, und man konnte nichts bekommen und wir waren mit nichts eingedeckt. Ja, da haben wir redlich gehungert, ich machte den Burenkrieg nochmal durch, alles auf Marken, aber knapp, dass es fast nicht lohnte! Bratkartoffeln z.B. wurden in «Kaffee» gebraten, dann sahen sie schön braun aus, denn an Brot konnte sich kein Mensch satt essen! Hermann, der gerade sein Jahr als «Einjähriger» abdiente, wurde gleich auf die Kriegsmarine genommen und dort in die Offiziersschule gesteckt, um ausgebildet zu werden, so ist er von der Handelsmarine zur Kriegsmarine gekommen, da haben wir noch allerlei Schweres durchgemacht.

Es kostete ja immer alles mehr, als wie es veranschlagt war, aber Gott half mir immer, dass ich leihen konnte, und weil ich immer verdiente, konnte ich es auch immer ehrlich zurückzahlen. Ja wenn ich es jetzt betrachte, ist es das reinste Wunder, wie der Herr mir immer geholfen hat.

9. Juli 1940

Mein Buch hat länger geruht! Es ist so unruhig in der Welt, man kommt nicht zur Ruhe und hat auch zu nichts Lust. Alle die großen Ereignisse, so lernt ihr aus der Geschichte. Es ist zu wunderbar, wie der Herr mit uns ist, wie Er Seine Hand über uns hält, wie Er den Führer schützt und segnet. 0 möchten wir Ihm die Ehre geben und uns in Demut vor Ihm beugen! Jetzt kommt die Entscheidung, der letzte Schlag gegen England, denn ehe es nicht vernichtet ist, gibt es keine Ruhe, aber es ist gerade so, als ob diese Regierung vom Teufel besessen sei. Jeden Tag denkt man, es soll losgehn, man kann es kaum noch aushalten, aber es ist wohl noch nicht so weit.

8. Oktober 1940

Ja nun hat mein Buch wieder lange geruht. Ich konnte und konnte mich nicht zum Schreiben aufraffen! Es geht ja zu wunderbar zu in der Welt, man kommt aus dem Staunen und Wundern nicht heraus! Jetzt ist der Kampf mit England im Gang, es ist ein zäher Gegner und es hat ja auch allerhand Macht in der Hand, aber diesmal glückt es ihm nicht! Was es uns tun wollte, so wie im letzten Krieg, uns aushungern, das tun wir jetzt ihm, und er spürt es schon gehörig an seinem Leibe. Er, Herr W. Churchill, lügt ja freilich das Blaue vom Himmel herunter, wie glänzend die Sache steht und wie groß England sein wird, u.s.w., aber selbst das Volk glaubt ihm nicht mehr.

Nun müssen wir die Sache laufen lassen, der Führer wird den rechten Augenblick schon wissen, wann er losschlagen will. Und wir können ganz ruhig sein, mit Allem sind wir eingedeckt, nicht wie 14, wo wir nichts hatten und erbärmlich hungerten, wir werden alle Tage satt. Alles ist so anders, die Ausbildung der Soldaten und der Jugend überhaupt, wie wird sie gedrillt und muss turnen und marschieren, was gibt es für ein kräftiges starkes Geschlecht. Ich glaube, wir waren schon ganz verweichlicht und degeneriert, da hat der Führer eingegriffen und jetzt wird es anders. Wir können Gott nicht genug für diesen Mann danken. Die Schläge der Luftflotte fallen ganz furchtbar, es brennt in England, besonders London, an allen Ecken und Kanten, mal sehen, wie lange sie diese Schläge aushalten. Mit großer Sorge und Angst denke ich an mein Emmchen, die doch in der Nähe von Glasgow verheiratet ist.

Und mein lieber Enkel Kurt, Willis ältester Sohn, der in Edinburgh studiert, seit Monaten schon höre ich nichts von ihnen, ob sie hungern. Wir lassen ja nichts mehr in die Häfen, das arme, arme Volk kann einen ja so erbarmen. Die Großen haben ihre Keller voll und sich mit allem eingedeckt, aber wer sorgt fürs Volk? Es ist zu schrecklich, möchte der Führer doch bald zuschlagen, dann käme der Friede. In Afrika kämpft Italien und geht siegreich vor, da wird England auch herausgeschmissen. Es gibt nachher ein ganz neues Europa, und dies möchte ich gern noch erleben. Wie Gott will.

27. März 1941

Es ist so lange her, dass ich nicht schrieb, wir haben zu viel erlebt und erleben es noch alle Tage. Man kommt aus der Unruhe gar nicht heraus. Jeden Morgen denkt man: «Was kommt heute.» Aber solange der Winter so anhält, kann wohl nicht recht was gemacht werden. Die Schläge gegen England gehen fort, es ist ja wohl bald nur noch ein großer Trümmerhaufen, aber es gibt und gibt nicht ein. Und Churchill lügt feste weiter, ich kann nicht verstehen, dass das Volk sich nicht empört, es sieht doch, wie es ist und immer weiter geht. Sonst mit uns geht ja alles gut, wie alles klappt, das wisst ihr ja denn aus der Geschichte. Das Leid ist auch immer da besonders, wenn man gar nicht dran denkt. Durch einen Unglücksfall ist unser geliebter Siegfried auf See verunglückt. Er war gerade mit seiner Ausbildung fertig, er ist Fliegerleutnant und hoffte nun, mit gegen England zu kommen. Vorher musste er noch einige Proben in Norwegen machen. Ich weiß nicht, ob er dorthin versetzt war, oder ob es nur Versuche waren. Er schrieb mir noch solch fröhlichen Brief, wie schön die Arbeit dort wäre und sie machte ihm solche Freude und 2 Tage nachher kam von amtswegen die Nachricht, dass er bei einer Notlandung verunglückt wäre, seine Leiche konnte noch nicht geborgen werden. Näheres wissen wir noch nicht, wir warten alle Tage, aber es kommt nichts. Man kann es noch nicht fassen, wie es hat möglich sein können! Dieser liebe tüchtige Junge. Wir haben dann versucht, die Nachricht den Eltern zukommen zu lassen und das ist geglückt, wir hatten ein Antworttelegramm über Marmor, nun wissen sie es, das ist ein Trost, und da Winfried jetzt zu Haus ist, können sie das Leid zusammen tragen. Und Gott wird auch ihnen die Kraft geben, wie Er sie uns hier und besonders mir alle Tage gibt. Wir müssen nun ferner geduldig und tapfer weiter gehn, einmal muss ja doch der Friede kommen, dass unsere lieben Lieben heimkommen können, ich habe ja solches Heimweh nach ihnen.

1914-1915

Nun will ich von meinen persönlichen Erlebnissen man weiter erzählen, das andere gehört in die Geschichte. Ich war ja nun glücklich wieder in Hermannsburg, und wir machten den Krieg durch, haben ehrlich gehungert, es war nichts organisiert. Mein Winfried war ja nach Indien gekommen als Leiter an der großen Missionsschule. Er hat sie wieder hochgebracht, das kann er euch mal selbst erzählen.

Da brach der Krieg aus. Die Deutschen wurden auch dort gleich interniert, und kamen nach «Ahmednagar». Und dann kam plötzlich die Nachricht, alle Deutschen würden ausgewiesen, sie sollten nach Amsterdam glaube ich, kommen. Alle Missionen schickten Vertreter nach dort, um sie in Empfang zu nehmen, wir auch. Hier wurde tüchtig gerüstet für unsere lieben Gäste. 0 was kriegte ich alles geschenkt von den Freunden, Marmelade, Speck, Fett, Obst, mein Keller konnte es fast nicht tragen. Da las ich in der Zeitung, das Schiff war statt nach Amsterdam, nach London gefahren, und ich dachte mir gleich, das hat was zu bedeuten, denn wann ist der Engländer je ehrlich gewesen.

Nun mussten sie doch bald kommen, mein Haus war fertig. Da kommt eines Abends Mieze Petersen angelaufen und als ich frage: «Ist Nachricht da?» sagt sie: «Sie sind schon da, hier auf dem Bahnhof, Pastor Haccius ist schon hin.» Ich wollte auch schnell hin und rannte los, aber bei Breuers dachte ich, nun kommen sie und das Haus ist zu! ich wieder umgedreht, alles Licht angezündet, Feuer in der Küche gemacht und warte. Da höre ich solch komisches Geräusch und ich gucke vor die Tür, da kommt Frau Eilers, die aus Thüringen stammt und hat solch thüringischen Mantel um und da kommt das Geräusch. Wir gehn ins Zimmer und sie schlägt den Mantel zurück, da kommt ein kleines Kind zum Vorschein, schreit aus vollem Halse und als sie das Licht sieht, bricht sie ab und starrt immer das Licht an. Mein Enkelchen!![1] Ich nehme es in meine Arme, aber es guckt immer nur ins Licht. Da höre ich draußen wieder was, und da steht eine Frau, die hat ein furchtbar dickes Packet. Ich gucke sie an, denn ich kannte meine Schwiegertochter ja

---

[1] Es muss sich um Ragni Wickert handeln, geboren am 4. August 1914 in Indien.

nicht, aber sie sagt: «Nein ich bin es nicht, ich bringe nur die Sachen», und dann ging sie weg. Da gucke ich vor die Haustür und da steht eine große schlanke Frau unter der Tanne und weint. Da ging ich auf sie zu und nahm sie fest in den Arm, denn es war meine Elsa. Sie erzählte mir unter Tränen, dass sie allein käme, Winfried wäre für ein paar Tage nur noch in London festgehalten. Ich sagte, dass ich es schon in der Zeitung gelesen, und mir mein Teil dächte. Na, erstmal war sie da, dies geliebte Kind und ihr kleines Mädchen. Sie und Winfried wurden einfach aus- einandergerissen, so hatte sie auch kein Geld, das hatte Winfried, und Sachen hatte sie auch keine, aber wir konnten dann hier alles ein bisschen nett in Ordnung machen. Ich glaube 3 Monate war sie hier und es war so herrlich, sie behauptet ja, sie hat bei mir hier das deutsche Kochen gelernt, sie stammt ja aus Schweden, wo sie anders kochen. Dann reiste sie mit dem Kind nach Schweden zu ihren Eltern, denn auf Winfrieds Freilassung war wohl noch nicht zu rechnen. Der Sommer ging so hin, ich weiß nicht mehr, wann es war, da kriegte ich eines Tages ein Telegramm, woher weiß ich auch nicht mehr: «Heute Abend 6 in Hermannsburg.» Und da kriegte ich einen Schreikrampf, ich schrie und weinte übers ganze Haus, bis ich mich dann wieder beruhigte. Dann ging ich zu Haccius und bat Tante Eva, ob sie Winfried von der Bahn holen wollte, ich wäre bange, dass ich sonst wieder schreien müsste, ja sie wollte. Ich machte oben sein Zimmer zurecht und ich richtete das Abendbrot und wartete, da kam er mit Tante Eva, sie ging vorbei und er rief mir von der Pforte zu: «Ja Mutter, einmal müssen sie uns doch laufen lassen», da war die Spannung vorbei, wir mussten beide lachen und lagen uns in den Armen.

Nun gab es allerlei zu tun und zu besprechen. Hier bleiben konnte er nicht, denn er wäre zum Militär geholt und er musste in Indien einen Eid leisten, nichts gegen England zu tun. Da setzte sich Haccius mit Pastor Bezzel in Bayern in Verbindung, ob Winfried und Maneke nach dort kommen könnten. Ja gern. Da kriegte er einige Wochen dort eine Aushilfestelle und dann kam er als Pastor nach Aschaffenburg, ich weiß nicht, wie lange er dort war.

Aber dann wollte ich gerne, er sollte sein theologisches Studium zu Ende bringen, sonst würde er nie hier als richtiger Pastor gewertet. Er nahm dann Urlaub und ging nach Erlangen und glaube ich, Elsa ging mit den Kindern, es waren jetzt 3, nach Schweden. Auch in Leipzig oder Dresden war er und in Ansbach machte er sein 2. theologisches Examen. Und in Celle bei meinem Bruder Albert machte er auch sein Abitur, so konnte ihm keiner was vorwerfen. Nun war er bayrischer Untertan, da kriegte er eine schöne Landpfarre in Stierhöfstetten, so recht zwischen den Katholiken, aber es war zu schön dort, ich bin mehrere Male dort gewesen, es ist ja ganz anders wie bei uns in der Lüneburger Heide, aber es war doch schön. So war ja erst alles in Ordnung. Hermann war bei der Marine und mein lieber Werner war gleich in der ersten großen Schlacht in den Vogesen vermisst, und es ist nie wieder was von ihm gefunden. Es hat mich ja furchtbar umgeworfen, jahrelang, wie wir suchten, und wer uns alles half, alles vergeblich. Ich hoffe, der gute Hirte hat auch dies Schäflein gefunden und heimgetragen, und nun hat Er auch meinen lieben Enkel Siegfried heimgetragen. Hermann war auf See als Offizier, und Emmchen besuchte in Hamburg das Seminar für Lehrerinnen. Aber dann kam dieser furchtbare Winter wo man keine Lebensmittel kriegen konnte, es gab eben nichts mehr, nur Steckrüben waren da, davon lebten sie in Hamburg. Und als Emmchen ihr erstes Examen abgelegt, war sie vollständig erledigt, sie klappte zusammen. Nach einem Aufenthalt in Tübingen vermittelte es Elsa, dass sie zu ihrem Onkel nach Schweden kam, der ein großes Gut hat. Dort wurde sie verpflegt, aber richtig, und erholte sich denn auch, so dass sie dort bei einer andern Verwandten eine Stelle annehmen konnte und dort kleine Kinder unterrichten. Es waren sehr liebe Leute, sie schickten mir in jedem Monat ein herrliches Packet, einen dicken Ballen Butter, 1 runden Käse, Wurst und Speck, das war eine große Hilfe für mich. Gustchen war auch mit der Schule fertig und kam nach Mecklenburg zu einem Pastor Cladius, dort den Haushalt zu lernen.

1918

Dann verloren wir ja den Krieg, das lernt ihr ja aus der Geschichte, auf welch gemeine Weise, und Hermann musste sein Schiff auch mit an England abliefern. Nun gab es keine Marine mehr und er trat beim Landheer ein, musste erst ausgebildet werden, dann wurden viele Truppen ins Baltenland geschickt, um dort den Bolschewismus auszurotten, und wer Lust hatte und sich dort ansiedeln wollte, sollte Land bekommen. Da ging Hermann mit, er kam nach Mitau und hatte das ganze Polizeiwesen unter sich. Was er dort alles erlebt, ist zu schrecklich, jahrelang konnte er nicht drüber sprechen, ich kann es auch nicht schreiben, er muss es auch mal erzählen. Da kam der «fromme» Engländer wieder dazwischen, er konnte nicht ertragen, dass Deutschland sich dort ausbreitete, und so mussten die Deutschen wieder heraus. Was nun? Da wollte er Kaufmann werden, aber keiner wollte ihn. Da nahm ein Freund von Winfried in der Nähe Aschaffenburgs, der eine große Eisengießerei hatte, ihn an, und dort war er nicht so sehr lange, ich weiß nicht mehr genau. Er hatte auch immer Heimweh nach dem Wasser.

Da fand sich in Hamburg eine Stelle in einem Japanhause, und die bekam er. Aber es waren harte Jahre, man musste richtig um seine Existenz kämpfen, und das hat er ehrlich getan. Da lernte er auch seine Frau kennen. Emmchen verheiratete sich mit einem schottischen Pfarrer, der an die Universität Yale in Amerika berufen war. Er war damals in Marburg bei mir, als ich das Pensionat für Ausländer hatte. Sie waren glaube ich 5 Jahre in Amerika, und jetzt hat er eine Pfarrstelle in Schottland. Und jetzt ist Krieg und ich bin von all meinen Lieben wieder abgeschnitten.

Winfried bekam dann eine Berufung hierher nach Hermannsburg an die Mission. Da hatte ich es gut, es war zu schön, Kinder bei sich zu haben. Wie umgaben sie mich mit Liebe und Fürsorge! Keine eigne Tochter hätte mich mehr betreuen können als es meine geliebte Elsa tat. Und dies Heranwachsen der Kinder zu sehen, es war zu schön.

Winfried musste dann mal 2 Jahr nach Afrika, es gab so Vieles zu ändern und zu ordnen, das konnte man nicht schriftlich. Es war auch so anders geworden in der Welt, das lernt ihr auch aus der Geschichte, darüber schreibe ich nichts, es war eine sehr sehr schwere Zeit. Also Winfried ging nach Afrika und schaffte da reine Bahn und kam zurück, er war Missionsdirektor. Aber hier wurde es auch immer schlimmer, die Strömung gegen die Kirche wurde sehr groß und man sah mit Bangen in die Zukunft. Auch die Geldverhältnisse waren sehr schlecht, es sollte kein Geld mehr ins Ausland. Ja wie sollten wir unsere Mission in Afrika denn erhalten? Nach vielem Hin und Her wurde Winfried denn gebeten, noch einmal nach drüben zu gehn. Diesmal würde es 5 Jahr dauern und so nahm er seine Elsa und die 3 jüngsten Kinder, Gudrun, Barbara und Marianne mit. Es war ein sehr schwerer Abschied und wir wissen nicht, ob Gott uns nochmal ein Wiedersehn schenkt, ich bitte ja täglich darum. Ragni lernte Krankenpflege in Osnabrück, die musste noch hier bleiben, sollte dann später nachkommen. Sie war mit dem Missionar Paul Hagedorn aus Flensburg verlobt und da konnte sie später ihre Kenntnisse in der Krankenpflege auf ihrer vielleicht einsamen Station gut gebrauchen. Heute wird überhaupt mehr für die Ausbildung der Bräute gesorgt als zu meiner Zeit, wo sie so einfach vom Kuhstall aus wegheirateten, das hat sich sehr gebessert, seit Winfried Direktor ist.

Na ja, also Winfried reiste ab, die beiden Jungen Siegfried und Eskil waren im Arbeitsdienst, Ingrid besuchte in Hamburg die Elise Averdieck Schule, ihr Elternhaus war solange bei Direktor Schomerus. Und ich muss hier gleich sagen, es ist ihnen eine Heimat geworden, ganz rührend - haben und tun es noch - sorgen sie für die Kinder und auch für mich, als alte Oma. Ragni reiste dann nach Vollendung des Lehrgangs ab und kam glücklich bei den Eltern an, wo sie sich gleich dran machte, die Landessprachen, Zulu und Englisch ordentlich zu lernen. Dann heirateten sie und wohnten in Hermannsburg, Natal, wo Paul an der deutschen Schule mit arbeitete und Sonntags Gottesdienste hatte an verschiedenen fernen Gemeinden.

Als Winfried ausreiste, bekam er nur für 3 Monate Einreiseerlaubnis in Afrika, dann musste es immer wieder genehmigt werden. Als er das erste Mal zum Beamten kam, sagte der, das käme für ihn nicht in Frage, da er ja geborener Afrikaner wäre. So konnte er frei seine Arbeit tun, und hat es mit viel Liebe und Klugheit und Erfolg getan. Was ihm sehr half, war, dass er die Sprachen kannte, er brauchte nie einen Dolmetscher, mit den Beamten sprach er englisch und afrikaans.

22. April 1941

Ja nun geht es doch wohl zum Ende. Der letzte Schlag muss bald fallen. Von Winfried muss ich noch erzählen. Als der Krieg ausbrach, wurde er und viele junge Brüder dort interniert. Dieser Ministerpräsident Smuts ist ein furchtbarer Deutschenhasser, er will Deutschland mit vernichten, da internierte er erstmal alle Reichsdeutschen. Aber sie hatten es ganz erträglich, die andern Deutschen im Lande schickten ihnen Lebensmittel und viel Obst. Denn etwas zusammennehmen muss der Herr Smuts sich schon, die Burenpartei Hertzog ist zu groß gegen die Engländer.

Nach 8 Monaten kamen mehrere Brüder frei, auch Winfried, der nun zu Haus bei den Seinen ist, auch Ragni mit ihrer kleinen Tochter ist bei den Eltern. Dann kam die erschütternde Nachricht von Siegfrieds Unglücksfall, wo er ins Meer stürzte. Seine Leiche konnte noch nicht geborgen werden, er liegt auf dem Meeresgrund. Aber wir wissen, dass er auch dort geborgen ist in Gottes Hand. Nun können die Eltern das Leid zusammen tragen, das ist für uns hier ein großer Trost. Ich kann es ja noch immer nicht fassen, dass dies geliebte Kind nie mehr hier auf der Erde zu mir kommt. Was war es für ein prächtiger Mensch geworden, so männlich, so gereift und so tüchtig, ja sein Vater kann wohl stolz auf seinen Sohn sein. Und dies Ende! Wie hatte er es sich gewünscht, noch mit gegen England eingesetzt zu werden, und nun war es so weit und da kam dies Ende. Gott hat ihn wohl vor viel Schwerem bewahrt, das glaube ich sicher.

Und heute ist mein Geburtstag, ich werde 84 Jahr! Vor meiner schweren Krankheit hätte ich nie gedacht, dass ich so alt würde. Aber jetzt bin ich so gesund, dass ich hoffe, meine geliebten Winfrieds noch wiederzusehn. Ja ich kann singen «bis hierher hat mich Gott gebracht durch Seine große Güte»! Und keines meiner lieben Kinder ist bei mir, ganz einsam, aber ich weiß, alle denken heute an ihre alte Mutter und beten für mich. Ich kann auch nur loben und danken für alles Gute, was Er mir getan, mein ganzes Leben, «Lobe den Herrn meine Seele.» Und viel Liebe und Freundlichkeit genieße ich hier von lieben Menschen, alle sind so lieb und gut zu mir, ach und bald kommen doch hoffentlich die Afrikaner wieder. Dann ist meine Elsa hier und ich werde von Liebe umgeben, ja das möchte ich noch einmal erleben. Aber von diesem unseligen Krieg ist immer noch kein Ende abzusehn! Immer was Anderes kommt dazu, immer noch ein anderes Volk wird mit hineingezogen, und die Völker werden und werden nicht klug. Es ist Englands Taktik, den Krieg in die Länge ziehen. Ich glaube, es ist der Kampf gegen das Judentum, es geht auf Leben und Tod. Die Juden wollen die Weltherrschaft haben und ihr größter Feind ist Deutschland. Aber es nützt ihnen nichts, sie werden doch kaputt gemacht mit ihrem Stammgenossen England, damit können sie rechnen, aber es wird noch viel Blut und Tränen kosten, möge der Herr uns nicht verlassen und Seine Hand von uns ziehn.

10. August 1941

So lange habe ich wieder nicht geschrieben, alles ist anders gekommen, jetzt der furchtbare Krieg mit Russland. Wer hätte an solche Verräterei gedacht! Aber der Führer hat es gemerkt und hat so aufgepasst! Und dann hat er losgeschlagen, ehe die Russen fertig waren, und sie haben schon richtige Hiebe gekriegt. Viele tausend Russen sind schon zu uns übergelaufen. Ich muss mich immer wundern, wo wir das Essen für alle diese vielen Menschen herkriegen, aber wir werden alle Tage satt, der Führer hat so vorgesorgt. --

Nun muss ich noch von meinem lieben Gustchen erzählen. Als sie von Cladius zurückkam, half sie mir hier zu Haus, ich hatte ja immer Schüler und in den Ferien Sommergäste, so gab es viel Arbeit. Aber sie wollte doch auch einen Beruf ergreifen, sie wollte erstmal etwas Krankenpflege lernen und ich brachte sie nach Hannover ins Henriettenstift. Dort in Hannover lernte sie einen jungen Beamten kennen, und schließlich verlobte sie sich mit ihm, und nach einigen Monaten war die Hochzeit. Er hatte im letzten Krieg eine schwere Kopfverletzung bekommen, um die sich wohl nie so recht gekümmert war. Nun kam er mal in richtige ärztliche Behandlung eine lange Zeit, und ein neues Mittel gegen diese Gehirnkrankheit wurde bei ihm angewandt und wirklich es half ganz wunderbar, der Arzt nannte ihn seine «Rekommandation". Jetzt ist er ganz gesund und ein kluger tüchtiger Kopf, er hatte hier in Hermannsburg allerlei Stellen. Jetzt ist er nach Oberschlesien versetzt, nach Berlitz, Bez. Kattowitz. Nun seh ich mein liebes Gustchen auch kaum noch, von Hannover konnte sie öfter mal herüberkommen, das ist ja nun vorbei, und mein Leben ist noch einsamer geworden. Alle Jahr einmal will sie kommen, solange ich lebe, die

Reise ist auch zu teuer. Ich hoffe, dass sie im August, also nächsten Monat kommt und ich freue mich so darauf. Das Leben dort ist nicht leicht, das muss alles neu aufgebaut werden, erstmal die Juden alle heraus.

Na, sie wird mir viel erzählen können. Meine Enkelkinder, 19 habe ich, sind auch alle gut und tüchtig, Hermann seine sind die jüngsten, das muss sich noch herausstellen, aber ich bin nicht bange, es wird schon werden. Meines lieben Willis Kinder sind schon fertig mit der Ausbildung, verdienen schon ihr eignes Brot. So habe ich ihm geschrieben, ob es nun nicht mal zu einer Reise nach hier langte, ach, wenn er und Walter noch mal kommen könnten und ich meine geliebten Kinder nochmal wiedersähe. Mein lieber Walter hat auch ein einsames Leben, aber er lebt bei lieben Freunden und hat sein gutes Auskommen, nun habe ich ja auch schon diese Kriegsjahre nichts von ihm und den lieben Freunden in Afrika gehört. Möchte dieser furchtbare Krieg mit Russland doch bald beendet sein, dass der Weg frei wäre und mein lieber Winfried kommen könnte.

11. Februar 1942

So lange hat mein Buch geruht nun kann ich weiterschreiben. Der Krieg mit Russland ist in vollem Gang, es ist sehr kalter Winter, die armen Soldaten müssen unendlich viel aushalten. Vielen erfrieren die Glieder und was wird mit diesen armen Krüppeln! Gott wolle Sich unser erbarmen. Japan hat auch in den Krieg mit eingegriffen und hat ganz großartige Erfolge. Amerika hat uns auch den Krieg erklärt, die ganze Welt gährt und ist ein Kriegsgeschrei. Wir können das Ende nicht absehn, das weiß nur Gott allein. Aber wir haben zu essen und haben Kohlen, wenn auch alles knapp wird, solche Zeiten wie im letzten Krieg 1914 erleben wir nicht wieder. Aber es sieht böse aus in der Welt, auch hier bei uns, der Abfall von Gott wird immer größer, und die «Partei» wird immer frecher und grässlicher. Wer nicht nach ihrer Pfeife tanzt, wird einfach über Seite gebracht, wie jetzt der Reichsminister Todt, er ist dann mit dem Flugzeug verunglückt.

In Russland bekämpfen wir den Bolschewismus und hier im Lande züchten wir ihn durch die S.S., ich glaube wir gehen sehr sehr schweren Zeiten entgegen. Wenn doch dann meine lieben Winfrieds wieder hier sein wollten, dass ich nicht so verlassen bin! Wir wollen uns an unsern Herrn und Heiland klammern, Er wird uns nicht lassen, lasst uns Ihm nur treu bleiben.

Ja nun kann ich von Gustchen gleich weitererzählen, von Bielitz sind sie wieder weg, die S.S. hauste dort so furchtbar gegen die Reichsdeutschen, dass sie nach hier zurückkamen. Und da mein Schwiegersohn augenblicklich keine Stelle hat, sind sie hier bei mir im Häuschen und es ist ein rechtes Leben hier. Er kann jeden Tag irgendwo hingeschickt werden. Mein Hermann ist in Düsseldorf, er hat eine Stelle im Versorgungsamt und ist «Fregatten-Kaptän». Er hat sich öfter gemeldet und gebeten, sie möchten ihn doch mit hinausschicken, aber immer ist es abgelehnt. Der Junge tut mir richtig leid, aber da ist nichts zu machen. Winfrieds Sohn Eskil ist auch mit in Russland, möge der Herr ihn doch erhalten, dass die lieben Eltern doch einen Sohn behalten. Ich bin ja von all meinen Lieben abgeschnitten. Von meinem Willi und Walter höre ich seit Jahren nichts, von Winfried ab und an über Schweden durch eine Depesche. 0 was werden wir uns zu erzählen haben, wenn sie erst wieder zurück sind. Ich bitte ja Gott den Herrn täglich, dass Er es mich erleben lässt, dass ich meine geliebten Kinder noch einmal in meine Arme schließen kann, ehe Er mich von hinnen ruft.

So nun will ich erst Schluss machen, ich habe nichts mehr zu berichten. Gott befohlen!

15. Februar 1942

Eigentlich wollte ich ja Schluss machen, aber Gott der Herr hat angeklopft, dass ich es doch schreiben will.

Vor 2 Tagen kam die Nachricht, dass mein geliebter Enkel Eskil in Russland gefallen ist! Die amtliche Bestätigung ist noch nicht da, ein Freund schrieb es an meinen Sohn Hermann und der berichtete es an Schomerus. Der Freund hat Eskil im Schlitten gesehn, aber nicht mit ihm sprechen können, er ist wohl bewusstlos gewesen, hat eine schwere Rückenverletzung. Vielleicht ist er ja auch erfroren, das wäre der leichteste und schönste Tod, den ich meinem geliebten Kinde wünschen möchte. Hoffentlich erfahren wir das Nähere noch. Aber die armen, lieben Eltern, sie sind so weit! O wären sie hier und man könnte alles gemeinsam tragen; aber es sind Gottes Absichten, wir können sie (nicht) immer verstehn, aber wir wollen uns in Demut unter Seine gewaltige Hand beugen. Er wolle auch den lieben Eltern ein getrostes und festes Herz geben, ihr liebes Kind ist geborgen in Gottes Hand in den Schneefeldern Russlands, ebenso wie der älteste Sohn Siegfried, der auf dem Meeresboden ruht.

Über ein Jahr habe ich nicht geschrieben, es ist mir ganz unmöglich. Es passierte so viel, das erfahrt ihr ja auch, dieser entsetzliche Krieg mit Russland, was hat er für Opfer gekostet! Und jetzt eine furchtbare Stille, so recht die Stille vor dem Sturm. Man sieht und hört nichts. Der Führer spricht kein Wort, ob es so schlecht mit uns steht? Manchmal denke ich, ob Gott uns verlassen hat? Wie sichtbar war Er mit uns damals gegen Polen und Frankreich, da verließen wir uns auf unsere große Macht und Stärke! Nun sagt Gott: «So nun seht weiter zu, wie ihr es macht. «Wir haben ja die ganze Welt zum Gegner und wir haben keine Leute mehr, die 17 und 18jährigen werden jetzt eingezogen. Und wie der Feind über uns herfällt, nicht zu sagen, wie er unsere alten kostbaren Kulturstätten verwüstet, besonders Kirchen, Schulen, Hospitäler, Krankenhäuser, Kinderheime, o es ist nicht zu sagen. Und der Herr schweigt und lässt alles zu. Jetzt machen sie die alte Stadt Köln tot, Nacht für Nacht sind sie da, die Bevölkerung flüchtet, hierher sind auch schon Verschiedene gekommen, alle müssen untergebracht werden und müssen Essen haben, und es wird immer knapper. Die Bevölkerung fängt an zu murren, dass kein Gegenschlag von unserer Seite kommt, und wir hatten so das große Wort, was wir tun wollten, wenn die Feinde ins Land kämen, und jetzt nichts. Aber wir können nichts tun, als uns unter Gottes gewaltige Hand beugen, und Ihn um Erbarmen anflehen. 0 möchte dieser furchtbare Krieg bald ein Ende haben, dass meine lieben Kinder aus Afrika heimkommen könnten, ich habe solche Sehnsucht nach ihnen. Es wird ja ein schweres Wiederkommen werden, da sie ihre beiden Jungen nicht mehr vorfinden, aber man könnte das Leid dann doch zusammen tragen. Auch mein ältester Sohn Willi hat seinen ältesten Sohn verloren. Er hatte in Edinburgh seine Studien beendet und wollte nun heim zu den Eltern, da wurde das Schiff versenkt, aber er wurde gerettet und konnte zurück nach Schottland. Er schrieb dann an seinen Vater, er möchte ihm Geld schicken, dass er sich wieder Sachen anschaffen könnte, er wollte dann kommen. Der Vater schickte ihm das Geld, schrieb ihm aber, er sollte auf keinen Fall kommen. Ob er das Kabel nicht bekommen hat, weiß ich nicht, genug, er ging nochmal auf ein Schiff. Nach langer Zeit schrieb die Admiralität, dass dies Schiff schon lange überfällig sei. Ja wo unser lieber Junge nun ist, wissen wir nicht, er liegt auch wohl auf dem Meeresgrund wie unser lieber Siegfried. Unser lieber Günther Frentzen, Ingeleins Bräutigam ist auch in Russland, möge Gott ihn erhalten, er ist der einzige Sohn und war Eskils lieber Freund, der uns auch von seinem Tode schrieb. Mein Willi hat auch nur noch einen Sohn, Karlheinz, ich weiß nicht, ob er eingezogen ist, oder ob er zu Haus ist, möchte der Herr diesen lieben Jungen seinen Eltern erhalten. 0 dieser furchtbare Krieg!

So nun Schluss, ich kann nicht mehr.

18. Juli 1943

Es sieht sehr böse aus in der Welt. Mussolini ist zurückgetreten, nun müssen wir sehn, wie es weiter geht. Immer diese furchtbare Stille, der Führer sagt nichts und die Feinde kommen jede Nacht ins Reich und brennen die Städte. Hamburg ist kaputt, jetzt sollen die Frauen und Kinder heraus, anderswohin, Hannover brennt an allen Ecken, und jede Nacht kommen sie und wir können uns nicht wehren. Köln ist erledigt, auch Aachen, alle die schönen Kirchen und Kulturdenkmäler sind dahin. Auch Rom haben sie furchtbar angegriffen. Gott weiß, wie es weiter geht.

Ich wollte, mein Schwiegersohn, Gustchens Mann käme noch mal auf Urlaub, der könnte uns doch mal ordentlich erzählen und vieles erklären. Ja wie Gott will, müssen wir es hinnehmen, wenn der Führer nur erstmal losschlagen wollte!

30. Juli 1943

Nun sind die Nachrichten sehr sehr böse, Gott allein weiß, wie es endet. Wir gehen wohl dem Ende entgegen. Wo der Führer ist, weiß man nicht, Göring soll schon in Schweden sein und dort seine Millionenwerte in Sicherheit gebracht haben. Gerade wie beim letzten Krieg, die Großen bringen sich und ihr Geld in Sicherheit und das Volk muss es ausfressen. O möchte der Herr sich unser erbarmen, und uns nicht verlassen, möchte Er die schreckliche Partei, die S.S. und den entsetzlichen Himmler vernichten und uns treue fromme Männer geben, die das Volk regieren, ach möchte Er uns einen König wieder geben.

Wir wollen nicht nachlassen, dafür zu beten, Er wolle uns gnädig erhören. Es sieht ganz furchtbar böse aus. Jede Nacht kommen die feindlichen Flieger ins Reich und brennen die Städte, und wir haben keine Gegenwehr, niemand hindert sie. Hamburg ist schon kaputt, die Frauen und Kinder kommen heraus, hier ist eine ganze Menge Flüchtlinge, meine Schwägerin, Paula Wittrock ist auch hier, weil die Bomben in Celle zu oft fallen. Jedes freie Zimmer ist beschlagnahmt für Flüchtlinge, sie kommen an, oft nur im Hemd und 1 Mantel, alles andere ist weg, wo gehen wir bloß hin? Ach, wäre doch mein lieber Winfried erst wieder hier, aber Gott allein weiß, wann er kommt, möchte ich die Geliebten doch noch einmal wiedersehn, ehe Er mich von hinnen ruft!

30. August 1943

Ja wieder hat der Herr bei uns angeklopft, unser lieber Günther Frentzen, meiner lieben Ingas Verlobter, ist in Russland bei Orel gefallen. Er ist auch der einzige Sohn, der Herr wolle den lieben Eltern beistehn, dies große Leid zu tragen. Nun sehen Eskil und Günther sich wieder. Aber von Eskil wissen wir immer noch nichts Näheres, die amtliche Bestätigung ist nie gekommen, wir wissen nicht, wo? und wie? er begraben ist. Aber von Günther wissen wir, dass er mit seinen gefallenen Kameraden mit allen militärischen Ehren begraben ist. Dieser Krieg ist zu furchtbar, und es ist kein Ende abzusehn. Jede Nacht kommt der Feind ins Land und verwüstet die Städte, alle die alten prächtigen Kulturstätten. Nürnberg soll auch gänzlich hin sein. Alle großen Städte sollen von Frauen und Kindern geräumt werden, hier sind eine Menge Hamburger, jedes freie Zimmer ist für Flüchtlinge beschlagnahmt, Gustchen, die ja ganz mit Traute hier ist und mich betreut, hat auch 2 kleine Hamburger, der Vater ist im Felde und die Mutter krank, zusammengeklappt, in einem Krankenhaus. Sie hat viel Arbeit von den Kindern, Gustchen meine ich, überhaupt viel. Jochen ist draußen, Olaf auch eingezogen, Jutta in einem Lehrerin Seminar, nur Traute ist hier noch auf der Schule bei uns, das ist so schön. Sie sind zur Beerdigung von Pastor Kiehne, der im Krankenhaus nach langem Krankenlager verschieden ist. Hermann Kiehne, der im Felde ist, ist gerade auf Urlaub hier, und die Mutter mit den beiden Kindern war beim Vater, als er starb. Ich glaube, es ist eine sehr große Beerdigung, die ganze Gemeinde nimmt daran teil.

3. Januar 1944

Ich wollte ja noch am Jahresschluss schreiben, aber ich kam nicht dazu, die Ruhe fehlte! Nun kann ich dem treuen Herrn nur danken für alles Gute, das Er mir im vergangenen Jahr getan. Wenn auch sehr viel Schweres dabei war, Seine Gnade und Barmherzigkeit war viel größer, und hat mir über alles Schwere hinweggeholfen. Und wenn ich nach meinem Fall im Mai auch ein halber Krüppel geworden bin, habe ich doch viel Ursache zu danken. Mein Befinden ist gut, ich schlafe gut und meine Milch schmeckt mir immer, und vor allen Dingen mein Kopf ist klar, ich kann alle dies Furchtbare so miterleben, das ist große Gnade. Nun wolle der Herr mit uns in das neue Jahr gehn und bei uns bleiben, Er wolle Seine Hand nicht von uns abziehn und sie immer über uns gnädig halten, und vor allem wolle Er uns bald den lieben Frieden schenken. 0 möchte dies entsetzliche Morden der Civilbevölkerung bald ein Ende haben, es ist zu schrecklich, die vielen vielen Menschen, die heimatlos geworden, ihr ganzes Hab und Gut dahin, nur das nackte Leben gerettet. Alle Häuser sind besetzt mit Bombenbeschädigten. Jedes freie Zimmer ist beschlagnahmt und besetzt. Heute Nacht tobten die Flieger wieder über uns weg, sie waren gewiss wieder in Berlin. Alle die schönen alten Kulturstätten kaputt, der Krönungssaal in Aachen, der

Kölner Dom, es ist gar nicht auszudenken. Wann kommt der Vergeltungsschlag? 0 möchte er bald kommen. Dass etwas in der Luft liegt, merkt man an allem, aber der Führer sagt nichts, bei ihm muss erst der letzte Knoten geschlagen sein, dann schlägt er plötzlich los und immer da, wo kein Mensch dran denkt. Wir können nichts tun, als alles in Gottes Hand legen, da sind wir geborgen.

Weihnachten und Neujahr konnten wir still und ruhig feiern, wenn feindliche Flieger auch wie rasend über uns wegflogen. Jetzt ist Epiphanias vorbei, nun können wir wieder ruhig arbeiten, einmal wird der Schlag doch fallen, Gott gebe es.

27. Januar 1944

Der letzte Schlag ist immer noch nicht gefallen. Aber wie wir darauf vorbereitet sind! Ganz großartig. Die Abwehr, wenn die feindlichen Flieger (kommen) ist zu groß! Wie sind wir gerüstet! Und neulich der furchtbare Angriff auf London, an allen Ecken und Kanten brannte es. England ist ja eigentlich schon erledigt, Churchill hat nichts zu sagen, er muss tun, was Stalin will. Aber das arme Volk kann einen doch erbarmen, es muss es ausfressen, was diese Geldjuden eingebrockt haben und für was? Bloß damit die Juden ihren Beutel füllen. Ich bin gespannt, wie es nach dem Kriege wird, wie alles eingeteilt wird, das möchte ich gern noch erleben, ehe Gott mich von hinnen ruft! Was erleben wir, alle Tage was. Jetzt diese große Geschichte mit Schweden, wo ein großer Koffer mit geheimen Dokumenten gestohlen ist! Na sie werden ihn schon finden, und dann wird Schwedens Falschheit auch wohl zu Tage kommen. Ich möchte, unsere beiden lieben Jungen hätten dies noch miterlebt! Die Feinde, England und Amerika sagen es selbst, dass Deutschland zu stark gerüstet ist, sie können nicht dagegen an, ihre Verluste sind zu groß. Aber lächerlicherweise zerteilen sie Europa immer wieder unter sich, der Haupthahn ist natürlich Stalin, dem müssen sie sich beugen.

Gestern war Onkel Schomerus hier und erzählte mir, dass er von Berlin die Nachricht über unsers lieben Eskils Tod bekommen habe, er würde die Urkunde nächstens bekommen. Das ist mir eine große Beruhigung, dass wir nun die Gewissheit haben. Man wusste ja nicht, wo er geblieben war, hoffentlich hat er ein Grab gefunden. Hier sind ganz furchtbar viel Fremde, Bombenbeschädigte, besonders aus Berlin. In Unterlüss ist ein großer Betrieb, der in Berlin zerstört ist, gekommen, da kommen jeden Abend viel hundert Menschen hierher zum Schlafen, man sieht nur Fremde auf der Straße. Unterlüss wird sicher noch eine große Industriestadt. Ach möchte es bald losgehen, diese Unruhe ist zu schrecklich, man kommt und kommt nicht zur Ruhe.

29. Mai 1944

Solange schrieb ich nicht, man kommt auch zu nichts und hat zu nichts Ruhe. Und so viel passiert! Die Todesnachrichten mehren sich täglich, das Morden wird immer schrecklicher. 0 wann gebietet der Herr ein «Stillewerden»?

Wir leben in steter Todesgefahr. Die Flieger Tag und Nacht

147

über uns, aber der letzte Schlag immer noch nicht gefallen. Es ist jetzt das reinste Morden gegen Frauen und Kinder. Spielende Kinder werden beschossen, die Schulgänger werden beschossen, Bahnzüge beschossen, Leichenbegräbnisse auf dem Friedhof werden beschossen, es ist gar nicht auszudenken, diese Mörderei! Und alle unsere lieben schönen, alten Städte dahin, der schöne Kölner Dom, Karls des Großen Zeiten Aachen, Berlin, Hannover, Bremen, Hamburg, Kiel und noch viele viele Städte, alle dahin.

Heute ist Pfingsten und das Wetter sehr schön, wir haben im Garten Kaffee getrunken. Sonst war immer der scheußliche kalte Wind, dass noch immer geheizt werden musste, heute nicht. Hoffentlich wird es nun richtiger Sommer, dass alles schön wachsen kann, und wir eine gute Ernte bekommen. Die Blütezeit war ganz herrlich, hoffentlich kommt nun kein Schaden herein. Ach, wenn doch bald der letzte Schlag fallen wollte, dass meine lieben Winfrieds zurückkommen könnten.

19. Juni 1944

Es ist wieder soviel passiert, man findet sich nicht mehr zurecht. Und jetzt fällt der letzte Schlag gegen England, endlich. Tag und Nacht die Angriffe über London und andere Städte. Wir haben ja lauter neue Waffen, die es nie gegeben hat und keiner kennt sie. Die Feinde haben darüber gespottet, jetzt lernen sie sie kennen und sperren das Maul auf, ja das Reden wird ihnen wohl vergehen. Der Führer kennt jetzt kein Erbarmen, er ist hart wie ein Stein. Alle seine friedlichen Vorschläge hat der Feind mit Spott und Hohn zurückgewiesen, jetzt ist es zu spät. Und die Wut im Volk hier wird immer größer. Jetzt kann es nicht mehr lange dauern, die Schlacht im Westen tobt auch weiter. 0 Herr erbarme Dich über uns und mache dem Elend bald ein Ende. Sei Du unser König und Herr, Dir lass uns nachfolgen, erbarme Dich über uns und vernichte uns nicht.

Wir hatten einige Male ganz tüchtiges Hagelwetter, da ist alles Obst abgeschlagen, es gibt hier kaum noch was und wie war die Blüte schön! Und die Terrorangriffe gehen immer weiter!

17. September 1944

Nun will ich man Schluss machen, mein Buch ist voll. Es passiert so viel, dass man gar nicht mehr durchsteigen kann. Der Krieg tobt weiter an allen Enden, man denkt immer, es kann nicht mehr lange gehn, und doch tobt die Schlacht weiter. Eine neue Waffe ist Tag und Nacht über London und England aber die andern müssen auch noch kommen. 0 dies Elend ist nicht auszusprechen. Alle unsere schönen alten Städte dahin, alles kaputt, Flieger Tag und Nacht über uns. Wie sollen wir das bloß wieder alles

heil kriegen, da gehen doch Jahrhunderte drüber hin.

Und hier passiert auch allerlei. Unser lieber Missionsdirektor Schomerus ist ziemlich plötzlich gestorben. Er war ja länger leidend, wollte nun nach Celle und sich mal röntgen lassen und dann eine Kur durchmachen, da kam plötzlich das Ende. Seine Frau und Tochter waren bei ihm.

Nun ruht er aus von allem Elend droben bei seinem Herrn. Die Beerdigung war sehr friedlich, sehr viele Pastoren waren dazu gekommen. Was nun wird, müssen wir weiter sehn. Ich hoffe ja, dass mein Sohn Winfried jetzt zurückkommt, wie wäre das schön, dann wäre ich doch nicht so allein, denn so alleinstehende Frauen, Gustchen und ich, haben es nicht leicht, die Männer sind alle eingezogen, es geht jetzt hart auf hart, biegen oder brechen. Möge der Herr sich unser erbarmen und uns bald den lieben Frieden schenken und diesem Morden Einhalt gebieten. Das wolle Er tun nach Seiner Gnade und Barmherzigkeit!

3. Oktober 1944

Ich dachte mein Buch war voll, und ich wollte Schluss machen, aber es geht noch nicht, es passiert zu viel. Das Morden geht weiter, der Feind weiß ja auch, es geht jetzt ins Letzte, biegen oder brechen. Alle unsere schönen alten Städte dahin, zerstört, die alten schönen Kulturstätten! Und dass sie uns kaputt kriegen - nun und nimmer glaube ich das. Was leisten unsere Soldaten, wie tapfer!

Und hier die Heimat steht nicht nach, wie die Frauen arbeiten und was sie schaffen! Ich möchte nachher mal die Geschichte lesen, die über diesen furchtbaren Krieg schreibt! Täglich erwartet man, dass die neuen Waffen eingesetzt werden, aber es ist wohl noch nicht so weit. Die Industriegebiete werden zu oft zerstört, und müssen dann erst wieder aufgebaut werden, aber einmal wird der letzte Schlag fallen, das ist gewiss, und der Jude muss auch noch dran glauben, das ist auch gewiss, und die «Weltherrschaft» kriegt er auch nicht, das ist auch ganz sicher. Möchte der Herr bald dreinschlagen, und sich der armen Völker erbarmen, die so dahingemordet werden.

Jetzt ist gewiss die Zeit, wo der Satan sich groß aufspielt und will die Welt einheimsen, es wird ihm nicht gelingen, unser Herr Christus hat noch das Regiment, der lässt sich vom Bösen nicht vertreiben.

Hier mehren sich die Todesnachrichten immer mehr. Wir haben jawohl bald keine Männer mehr. Die ganze junge Mannschaft ist hingemäht, viele Familien sterben aus, weil die einzigen Söhne gefallen sind. Ja Gott spricht eine sehr ernste Sprache mit uns, möchten wir sie doch recht verstehn und uns in Buße zu Ihm kehren. Er wolle Seine Hand nicht von uns nehmen, und uns bald den lieben Frieden schenken! Die Ausgewiesenen aus Afrika sind angekommen. Schmädeke war hier, aber er konnte nichts erzählen, denn er kam vom Lager direkt aufs Schiff und seine Frau hatte hier keine «Reiseerlaubnis» bekommen, die hätte vielleicht was erzählen können. Ob Pastor Hustedt auch noch wieder eingezogen wird? Seinen «Bereitschaftsbefehl» hat er bereits bekommen, ja es sieht immer böser aus in der Welt. Aber man kann nichts tun, als sich in Gottes Vaterarme legen, und das tue ich jeden Morgen, mich und alle meine Lieben, wo sie auch sind. Von Hermann hörte ich lange nichts, ich bin etwas unruhig. Stettin ist auch hin, alles zerstört, ob Hermann nun anderswo hinkommt? ich nehme es fast an, wenn ich nur erstmal Nachricht hätte! Das Attentat auf den Führer hat furchtbar eingeschlagen. Denkt, es ist der hohe Adel! Es war ihnen wohl nicht recht, dass ein gewöhnlicher Soldat alles leiten soll und sie sich dann beugen müssen. Und wie wunderbar hat der Herr den Führer gerettet! Gott wolle ferner Seine Hand über ihn halten!

Die hohen Herren sind alle – <u>gehängt !!!</u>

So nun ist es Mittag, nun will ich meine Suppe essen!

Gottbefohlen!

15. Januar 1945

Ich dachte ja, ich wollte Schluss machen, aber es geht noch nicht, es passiert zu viel, da muss ich noch schreiben. Das Morden und Zerstören vom Feinde hört nicht auf, alle unsere schönen alten Städte dahin. Hannover ein großer Trümmerhaufen, Braunschweig, Köln, und alle, Nürnberg, alles gänzlich kaputt. Wie sie dies mal verantworten wollen, ahne ich nicht. Aber nun setzen unsere neuen Waffen ein, und der «Landsturm» ist da, Jungen von 16 Jahren und Männer bis 60, jeden Tag bereit, jetzt guckt er sich doch um, der «fromme» Engländer und der Jude Amerika, es nutzt ihnen nichts, sie kriegen uns doch nicht, wenn sie uns auch schon so oft aufgeteilt haben, vorläufig in Worten, aber so wird es auch bleiben. Nie glaube ich, dass wir unterliegen. Aus Amerika wird auch mal was anderes, das Volk wacht auf, sie fragen, wofür sie sich totschlagen lassen müssen? Ja, nur weil es Herr Roosevelt will. Na, sein Tag wird auch noch kommen. Jetzt ist es Winter, Schnee und Regen, möchte er nicht zu lange anhalten und nicht zu kalt sein. Die Feuerung ist sehr knapp, die Bahn kann keine Kohlen heranbringen, weil ja alles zerstört ist. Und Männer zum Holzschlagen kann man auch nicht kriegen, es ist eine sehr sehr ernste Zeit. Aber bei allem Leid wieder ein Sonnenstrahl. Von Afrika kam gute Nachricht, Ragni hat ihr 3. Kind geboren, ein Junge, er heißt «Eckart Winfried». 0 ich bin so froh und dankbar, Elsa ist bei ihr und pflegt sie. 0 wenn die Kinder doch erst wieder hier wären, ich habe solche Sehnsucht nach ihnen, dass sie mir noch einmal von meiner lieben alten Heimat erzählen könnten. Hoffentlich schenkt uns Gott bald den lieben Frieden, denn London liegt gewaltig unter unserm Feuer. Ja sie kriegen es zu schmecken jetzt. Das hat Herr Churchill nicht gedacht als er diesen «reizenden» Krieg anfing, es sollte ein Spaziergang nach Berlin sein, nun kann er es ja probieren. Heute kam die große Freude, Gustchen ist vom Arbeitsdienst frei gesprochen, sie braucht nicht dafür zu arbeiten. Sie hätte genug im Hause, ihren alten Schwiegervater 89 Jahr alt und mich 87 Jahr alt, daran hätte sie genug. Von Olaf ist immer noch keine Nachricht da, hoffentlich kommt bald was, es wäre uns allen eine große Beruhigung.

Heute Nacht waren sie wieder in Hannover und Braunschweig. Daher Hannover, fährt kein Zug mehr, alles über Hildesheim geleitet, weil alles kaputt. Nach Marburg auch der Zug gesperrt, dort ist auch immer Alarm. Wenn wir erstmal wieder Frieden haben, wird es uns komisch vorkommen, aber das wird noch lange dauern, bis wir mal eine «ordentliche» Tasse Kaffee trinken können, vielleicht erlebe ich es nicht mehr, wir wollen alles getrost in Gottes Hand legen, Er verlässt uns nicht. Möge Er Seine Hand auch im neuen Jahr über uns halten und bei uns bleiben, dann sind wir geborgen. So nun ist es Mittag, jetzt Schluss.

26. Februar 1945

Immer ist noch kein Schluss, jetzt ist es wohl auf der Höhe, vielleicht kommt der Umschwung mal über Nacht. Es fängt an, unruhig zu werden im Lande und beim Heer, sie wollen nicht mehr, sie müssten sich ja nur für die Juden totschießen lassen, damit die ihren Säckel füllten. Ja das glaube ich auch, der Jude, Herr Stalin, will die Weltherrschaft haben, und es scheint fast, als ob es ihm gelänge. Jetzt scheint es aber wirklich zum Ende zu gehn, der Russe hat ganz furchtbare Verluste und wenn er auch viele Menschen hat, einmal muss es doch ein Ende haben. Dies ist ein schrecklicher Krieg. Dies ist einfach: Wir sollen vernichtet werden. Tag und Nacht sind die Flieger über uns, besonders die Tiefflieger, sie schießen in die Bahnzüge hinein, in spielende Kinder, in Beerdigungen, es ist nicht auszudenken, was wir durchmachen.

Tausende von Flüchtlingen sind hier im Lande, manche nackt und bloß, alles verloren, und alle wollen leben, Rationen werden immer knapper, wo soll das noch hin? Jeder kleine Raum ist beschlagnahmt. Ich habe 3 Schlesier und erwarte noch Hertha und die Kinder, wir müssen sehn, wie wir alle satt kriegen. Eben waren Flüchtlinge hier und wollten Eier haben, ich konnte ihnen nichts geben, es ist zu schrecklich. Möchte der Herr Sich unser doch erbarmen und uns bald einen gnädigen Frieden geben, vor allem möchte Er uns vor dem Schwersten bewahren, vor dem Bolschewismus!

Das Volk wird unruhig, es gährt, das ist kein gutes Zeichen. Aber wir wollen alles getrost in Gottes Hand legen, uns an Ihn klammern, mit all unsern Sünden zu Ihm gehen.

Herr erbarme Dich über uns.